右脳思考を鍛える

「観・感・勘」を実践！
究極のアイデアの
つくり方

早稲田大学
ビジネススクール教授
内田和成
Kazunari Uchida

東洋経済新報社

はじめに　新版に寄せて

2018年の年末に、『右脳思考』(東洋経済新報社、2019年)を書き上げ、出版したところ、幸い多くの方から、面白かった、役に立ちそう、実際に使ってみたいという声をいただいた。

一方で、考え方はよくわかるが、人とは違う発想をするためには右脳をどのように使えばよいのか、もっと具体的に教えてほしいという声があった。

『右脳思考』の中では、「右脳と左脳のキャッチボール」という考え方のプロセスを紹介している。まず、インプットステージで「観・感・勘」を活用してアイデアやひらめきを生み出し、途中左脳やロジックを使ってアイデアやひらめきを検証し、再び右脳を使って周囲を「腹落ち」させるアウトプットステージに分かれると説明している。インプットステージ、つまり人とは違うユニークな発想を得るときに、「観・感・勘」を実際どう活用しているのか知りたいという人も多い。

さらには右脳を鍛えたいが、内田さんは実際にどんなことをやっているのか、ノウハウを知りたいというリクエストもあった。

実はこうした右脳を実際に使ってユニークな発想をする方法については、角川書店より新書として『スパークする思考——右脳発想の独創力』（２００８年）という本を出し、その中でじっくり解説していたため、『右脳思考』ではくわしくふれなかったのだ。ところが、残念なことに、『スパークする思考』は新刊書店に流通している紙の本としては在庫がなく、新品の本で、読者に読んでいただくことができなかった。

何とかならないかと考えていたところに、東洋経済新報社の編集者である黒坂浩一さんより、「うちで復刊させてください」という話をもらい、元出版社の角川書店からもありがたく復刊の許可をいただいた。こうした経緯があって、『右脳思考を鍛える』と改題して刊行するに至り、皆様に紹介できるようになった。両社にお礼申し上げたい。

旧刊『スパークする思考』より、考え方のフレームワークはまったく変えていないが、事例については時代に合わせて一部アップデートしてあることを申し添えておく。

また、復刊にあたっては、『スパークする思考』刊行当時より、本書を絶賛してくださった一橋ビジネススクールの楠木建さんに本質をついた鋭い解説文を寄せていただいた。併せて読めば、本書の効果は絶大なものとなると思う。紙面を借りて感謝申し上げたい。

2019年9月

内田　和成

日常を仕事に持ち込むだけで、発想力は向上する

はじめに(旧版)

本書のテーマは、「日頃の私生活で自然と行なっているクリエイティブな発想や行動を、なぜ仕事では行なわないのか?」というものだ。

そういうと、「別にクリエイティブな発想や行動など、日常生活で行なっていない」と答える人も少なくない。そんなことはない。日常生活は皆、十分にクリエイティブなはずだ。趣味の世界もそうであろうし、料理や食事もそうだろう。週末にはどこに遊びに行こうか。今度はどんな映画を見ようか。妻の誕生日のサプライズはなにがいいか。日常生活は実はとても創造的で、エキサイティングなはずだ。

本書では、だからなにも奇想天外な変わった方法論を説くつもりはない。誰もが慣れ親しんでいる、それでいて説明するのが難しい、そんな方法論について語りたいと思っている。

ここでいうクリエイティブな発想法とは、斬新なものの見方や新しい企画を生み出す思

考法を意味する。そうした発想力を、いかに誘発することができるかについて考えてみたのが本書のもくろみである。

多くのビジネスパーソンは、生活者としての自分を仕事の場には持ち込まないように努力している節がある。生活者であり、消費者である自分は脱ぎ捨て、まったく別の個性を身にまとおうとする。本能的な感性や経験に裏打ちされた勘は封印して、正確な情報や分析を頼りにする論理的思考方法を身につけようともがいている人が多い。

ロジカルシンキングやデータ分析力が重要だと思い込み、ビジネススクール卒業生（MBA）、あるいは経営コンサルタントの好む各種の分析手法を珍重する。必死にさまざまな情報をため込み、整理してデータベースを構築しようとする。それで、分析力は身につくかもしれないが、斬新な発想力を失ってしまう。

そんなことはつらいし、ムダだからやめようと私はいいたい。

たとえば日頃の生活では皆、自然と仮説を立てて行動している。経験で培った勘を大事にしている。1から10まで、すべての可能性を試してはいられないから、いくつか、あるいは大胆にひとつの可能性に絞って行動している。だから妙に苦労することなく、スムーズに答えにたどりつき、楽しく暮らすことができる。ある種、**いい加減なのだが、それが**

まさに「良い加減」を生んでいるということができる。

恋愛もそうだろう。そのための情報収集はがんばるとしても、最後は仮説を立てて行動する。「こんな人に違いない」「こういうことを喜ぶだろう」「ならばこんなデートコースがいいはずだ」などと想定した上で、自分の行動を選んでいるはずだ。

失敗から学ぶスピードも速い。おいしいと感じなかったレストランには二度と行かない。友人から評判の悪かった服は、もう着ない。デートをして楽しくなかった相手とは、もうデートはしない。要領が悪く、選球眼にも乏しい人間は、次は幹事には選ばない。ところがいざ仕事となると、そうした大胆な仮説・実行も、失敗から学ぶ態度も影を潜めてしまう。

それはなぜか?

せっかくの直感も、経験からくる危ないという予知力も、すべて論理的に説明できないと仕事には使えないと思っているためであろうか。

あるいは分析に裏打ちされていない限り、仕事では許されないと思っているのであろうか。

多くの人間は、仕事では論理を重要視して、本能や勘などというものを働かせてはいけないというふうに考えてしまうようだ。勘で行動して失敗したら、言い訳ができない。それより前に、理由が「勘」では、会議を通らない。別のいい方をすれば、左脳で考えることがビジネスであり、右脳は私生活で使うものと割り切っているようにも思える。

しかし、**勘というものは、多くの場合、過去の経験に裏づけされて自然と取捨選択をした結果であり、それほど非科学的なものではない。当たる確率は決して低くない仮説なのだ。**

そうした判断や行動、強いていえば右脳思考を封印してしまうというのは、実にもったいないことだと私は思う。経営コンサルタントをしているとよくわかるのだが、経営者、あるいは企業は皆、他社と差別化できる斬新でユニークなアイデアを求めている。そうしたアイデアは、指示待ちでいわれたことだけを確実にこなす人間からは生まれにくいものだ。デジタルな情報活用・思考は、多くの場合、横並び主義に連なってしまう。むしろ、勘を大事にする「右脳人間」からこそ、斬新なアイデアは飛び出てくる確率が高い。

失敗から学び、経験から大胆に仮説を立て、自由に発想する人間だからこそ、他者とは違う、ユニークなアイデアがひらめく。分析のできる人間の代わりはいるが、クリエイティブな発想ができる人間の代わりはいない。

本書では、そのために必要な情報収集とその整理術、そして、そうした情報を発酵させ、アイデアを生み出す方法論について考えていきたいと思っている。

ここでいう情報収集や整理は、パソコンなどのデジタルツールを使って、膨大な情報にアクセスし、その情報をデータベース化し、活用するなどというものではない。普段の生活で何気なく行なっている右脳による情報収集と記憶のための工夫を、ビジネスにも活用すべきであるという点を強調したいと思っている。

これぞ、斬新なアイデアを生むための準備なのだ。

たとえば、会社の近くのおいしいフレンチレストランの情報をテレビのバフエティ番組でたまたま目にする。「へー、今度行ってみよう」と思うが、実際には行かずに放っておかれる。何日かして、たまたまその店の前を通りかかると、「あ、ここはあのレストランだな」と再認識される。何週間かして、仲のいい友達数人で食事をすることになって、その店を思い出す。実際に予約をして行ってみると、非常においしかった。こうしてこの店の情報は、しっかりと頭の中の引き出しにしまわれる。

これなどは、肩肘張らない、自然な情報整理法であり、活用術ではないだろうか。巷にある膨大な情報の海に、なんの準備もせずに飛び込むとしたら、それは自殺行為だ。だから人は自然と自分流の情報の選択や勘の活用を行なっている。これはいわば「生活の知恵」である。

入力疲れ、整理疲れで終わってしまって、肝心のアウトプットができない。それでは本末転倒だ。ところが、そういうことが仕事には多すぎる。

唯一必要なのは、問題意識だ。問題意識さえあれば、脳の中で特定の情報に印（レ点）をつける行為はスムーズにできるはずだ。本書では脳に印をつけることを索引（インデックス）をつけるという意味で、インデクシングと呼んでいるが、それによって後々の情報活用がぐんと楽になる。

それでは問題意識とはなにかといえば、ここでは興味であると言い切っておく。

本書では、そうした問題意識をベースに、横並び主義を脱却し、あるいは過去の思い込みからの呪縛を解きほぐすために、いわば「円の外に点を打つ」ことのできるアイデア創出力、斬新な発想力を身につけるための内田流情報活用術を披露したいと思っている。

２００８年10月

内田　和成

第2章 アナログ発想で情報を集める 49

第3章

情報は放っておいて熟成させる 89

第4章

アイデアを生み育てるアナログ思考 127

第1章

問題意識がスパークを生む

右脳思考を鍛える

スパークとは

スパークとは、**火花が飛び散るように、いいアイデア、発想が生まれる、ひらめくこと**をいう。

発明家やアーティスト、あるいはプランナーだけでなく、ビジネスパーソンであれば誰であれ、いいアイデア、いい発想、いい企画というものが求められている。

どの企業も生き残り、さらなる成長のために、他社と差別化できる製品やサービス、新規事業、新しいビジネスモデルなどを、常に追い求めているからだ。

そうしたニーズに応えられる人材ほど、おのずと企業で評価され、あるいは自らが求めるような転職や独立を果たせる確率は高いはずだ。

では、そうした発想力、アイデア創出というものはどのように生まれ、展開されるものなのだろうか。**アイデアとは、情報や知識が起こす化学反応のようなものだ**。その化学反応が起こりやすいように物事をとらえ、情報を頭の中に蓄え、熟成させることが重要だと私は思っている。

野球でいえばヒットが3割打てれば優秀なバッターといわれるように、考えついたアイデア、考え出した企画がどれも素晴らしいということは残念ながらあり得ない。だからこそ、常に自由に発想し、たくさんのアイデアの芽を生む習慣をもつことをお勧めしたい。

そこで、そうしたひらめきにはどのような展開があるものか、いくつかの例を紹介してみよう。

「異業種競争戦略」のきっかけはテレビ

私の研究テーマのひとつに、「異業種競争戦略」がある。これはわかりやすくいえば、異業種格闘技とも表現できる。ビジネスの世界で、その業界で常識とされていたルールを無視して、新たな戦いを仕掛ける企業が現れている状況を指している。たとえば、

●現金払いが常識だった日用品購入の現場に、スマートフォンを使ったモバイル決済が持ち込まれ、そのシェアをめぐってＬＩＮＥの「LINE Pay」やメルカリの「メルペイ」、

コンビニチェーンによる「ファミペイ」、通信会社の「PayPay」「d払い」、さらに銀行系の「Bank Pay」などが入り乱れて争っている。

- 内燃機関のみだった自動車の世界に電気自動車（ＥＶ）が出現し、ＥＶ専門の新興勢力であるテスラや、もともと電池メーカーだったＢＹＤ（比亜迪）などが次々に参入、既存の自動車メーカーを抑えてトップシェアを奪っている。
- コスモスなどのドラッグストア、ヤマダ電機のような家電チェーン、さらにはドン・キホーテなどの雑貨チェーンが食品販売に力を入れ始め、食品スーパーやコンビニと激しく競合している。

こうした競争状況を指す。定義すると、次のようになる。

異なる事業構造をもつ企業が
異なるルールで
同じ顧客ないし市場を奪い合う

競争である。

CD、音楽配信を例にとって、もう少し「異業種格闘技」について説明をしておこう。従来の音楽産業は、レコード、次いでCDを製作・販売するレコード会社が一方の雄であり、他方にそのCDを再生して聴くためのオーディオ機器を製造・販売する企業（AV機器業界）が存在していた。いわば、ソフトを開発し売る業界と、ハードを開発し売る業界だ。当然、お互いは緊密にリンクしており、競合することは皆無、共存共栄の関係をつくり上げていた。前者の代表例がソニー・ミュージックエンタテインメントやエイベックスであり、後者の代表例がソニーやパナソニック（旧・松下電器産業）などだ。

前者はミュージシャンや彼らから生まれるヒット曲という人やソフトに依存したサービス業的色彩が濃い企業群であり、後者はまったく人に依存しない物理的製品をつくっている典型的なメーカーであった。両者は別のルールで生存し、成功のカギも大きく異なる業界であったわけだ。

ところが通信回線を使って音楽を送ることができるようになったことで、こうした音楽ビジネスのあり様はすっかり変わってしまった。まず、インターネット上に大量の楽曲ファイルがアップロードされ、多くの音楽ファンがそれをダウンロードして音楽を楽しむ形が一般化したことで、レコード会社がもっていた販売チャネルやレコード店の価値が激減してしまった。また低価格の楽曲ダウンロードサービスと大量の違法楽曲ファイルの出現により、ＣＤの売上も急速に減っていった。

一方、ＡＶ機器業界は、やや複雑なレスポンスをした。ＣＤが売れなくなると、それをベースにしたオーディオ機器が売れなくなるのではないかと懸念したのか、音楽配信を積極的に推進しなかったメーカーもある一方、アップルのように、これを千載一遇のチャンスとばかりに、携帯音楽プレーヤー iPod を開発、さらに iTunes Music Store（ｉＴＭＳ）という音楽配信サービスをつくってしまった（のちに、映像配信、ゲーム、アプリの配信も開始し、Music に限定しない名称、iTunes Store〈ｉＴＳ〉となった）。

iPod とｉＴＳは大成功を収め、楽曲の価格決定権がレコード会社からアップルに移ってしまったといえるぐらいの大変化が起きた。

だが iPod とｉＴＳの勢いも永遠ではなかった。まず iPod については、その後に登場した iPhone をはじめとするスマートフォン（スマホ）が iPod と同様に楽曲ファイルのストレージ（保管）機能と再生機能を備えるようになり、スマホの普及につれてiPodのような音楽専用モデルは姿を消していった。かつては、オリジナルのiPod、iPod mini、iPod shuffle、iPod nanoなどの複数のモデルがあったが、現在（2019年9月）ではiPod touchのみとなっている。

iTSは音楽ファイルを1曲単位、またはアルバム単位でダウンロードしその対価をオンラインで払うというビジネスモデルだった。それに対して「Spotify（スポティファイ）」やアマゾンの「プライムミュージック」などの定額音楽配信サービス（ストリーミング）が現れ、iTunesの市場を奪っていった。いずれも毎月一定額を払うことで音楽が聴き放題となるサービスで、曲ごとにダウンロードするiTunesと比べて手間がかからず、1曲当たりの支払い額も少なくて済む。

ストリーミングはまだ音楽ビジネスの中心になったとはいえないが、ネット経由で音楽を聴く習慣が根づいた結果、普段聴くときの音楽はそうしたサービスや無料のYouTubeなどで安く済ませ、好きなミュージシャンについてはチケットを買ってライブで楽しむというスタイルが音楽ファンの主流になってきている。

結果、日本では、専用劇場をもち活動の中心にライブをすえているAKB48やその姉妹グループが人気を博したり、ジャニーズ事務所に所属する人気グループが地方で公演すると、公演日にはその地域のホテルがいっぱいになってしまうというほどの集客力を見せるようになった。金額ベースで見ても、すでにCDなどの音楽購入よりもライブチケットのマーケットのほうが大きくなっている。

iTSを生み出したアップルでも、今後はiTunesに替えてストリーミングサービスである「アップルミュージック」を音楽ビジネスの中心にすえる方向に変わっており、同社製パソコン「Mac」にはiTunesが標準では搭載されなくなる予定だ。

音楽産業ではレコード会社やパソコンやスマートフォンのメーカーであるアップル、EC事業者のアマゾンやストリーミング事業者のスポティファイが業種の垣根を越えて、同じエンドユーザーを取り合っているわけである。

このように、「異業種競争戦略」という概念は、これだけを語っても1冊の本になるほどに興味深いものだが、本書で語りたいポイントはそこではない。

私が、こうした「異業種競争戦略」をどのように思いついたかということだ。

答えは非常に簡単だ。1990年代から2000年代前半にテレビで大人気だった「K-1」で行なわれていた、「異種格闘技戦」の試合を見ていてひらめいたのだ。先ほど、「異業種競争戦略」はわかりやすくいえば、「異業種格闘技」と表現できると述べたが、「異種格闘技戦」のビジネス版をひらめいたわけだ。

K-1はもともと、キックボクシング中心の格闘技団体だったが、大規模イベント中心のビジネスモデルをとり、イベントごとに柔軟にルールを変更して、さまざまな格闘家を集結させようとした。ボクサーもいれば、柔道家、キックボクサー、柔術家、プロレスラー、相撲取り……。それぞれ現役の選手もいれば、OBもいる。当然ながら、それぞれ得意技が違う。ボクサーは拳による打撃を得意とする。キックボクサーは当然、足技が得意だ。柔道や柔術は投げ技や関節技を得意とする。関節技・絞め技が得意な選手は、打撃戦を避けて、はじめから寝転がって戦おうとする人間もいたほどだ。異なる格闘技の訓練を積んだ者たちが戦う。いずれにしても皆、自分の得意な土俵に相手を引きずり込もうとする。

こうした「異種格闘技」は、今ではアメリカの競技団体「UFC」などの下、「総合格闘技」と呼ばれる競技ジャンルのひとつとなり、ルールも戦い方もずいぶん洗練されている。しかし、K-1で異種格闘技戦が行なわれていた頃はルールにしてもまだ手探りで、選手たちは自分の競技については専門家でも、相手の得意とする競技の技はよくわかっていないという状態だった。

私の場合は、そこでふと、企業戦争にも似たような話があるということに思い至ったわけである。経営コンサルタントとしての自分の得意分野、ビジネス領域での経験と、目の前の現象をマッチングしたわけだ。

たとえばカメラ業界にも、キヤノンやニコンといった光学メーカーだけでなく、異業種の電機業界からソニー、パナソニックなどの電機メーカーが参入し、さらにはスマートフォンが高画質のカメラを搭載するようになって、競合相手が以前とは比べものにならないほど増えてしまった。先ほど述べた音楽業界におけるアップルの動向などもそうだが、日頃の問題意識である、新しい競争戦略や競争ルールという興味のある分野、そうした潜在意識を、テレビの娯楽番組であるK－1が刺激したのだ。つまり、

スパークとは、ある事柄に問題意識や興味をもっているときに、ある現象に遭遇すると、その現象が触媒となって、自分がこれまでもっていた頭の中の情報と化学反応を起こして生じるひらめき

であるということができる。

問題意識が発想の連鎖を生む

特に仕事ではそうだが、より問題意識を前面に出して現象を観察したり、調べたりした結果、ひらめきが誘発される場合も少なくない。

たとえば2006年に発売された任天堂の据置型ゲーム機「Wii（ウィー）」が、なぜ成功したのかと考え、調べたことがある。

私の場合は大学のデータベースで記事検索や雑誌検索が容易にできるのでそれを使うことが多いが、普通の人の場合でも、インターネットで「Wii」「成功」などのキーワードを入れて検索すれば、簡単に関連する記事や情報を得ることができる。

少し調べてわかったのは、明らかにプレイステーション3（以下、PS3）のほうが技術的には優れているという点だ。つまり、Wiiは組み合わせの妙というか、明らかに簡単な技術を使っている。

そこが「おもしろい」と思う。普通とは逆だからだ。これまでゲーム機は、最先端の画期的な技術を使っているもののほうが成功すると思われていた。そうであるにもかかわらず、明らかに技術的には劣っているＷｉｉのほうがヒットしている。

これはなぜかと、よくよく調べてみると、Ｗｉｉはゲーム機のヘビーユーザーが興味をもったのではなく、それまではゲームなどあまりやったことがなかった、関心がなかった層を新しい顧客として開拓したのだということが見えてくる。主婦層や中高年層などがその中心で、彼らはかつて自分の子供たちに、「テレビゲームのしすぎだ！」と叱っていた層であった。そうした彼らが、今度はＷｉｉにはまっていたという点がおもしろい。

つまり、ここでカギになるのは技術革新ではなく、ゲームの効果効能、裾野を広げたというマーケティングの勝利ということになる。

では、任天堂はなぜこうしたものをつくったのか、あるいはつくれたのかという新たな疑問、問題意識がそこで生まれる。

考えてみると、背景が見えてくる。Ｗｉｉ発売前年の２００５年の時点で国内のゲーム人口は縮小傾向にあり、市場はハード、ソフトともにじり貧状態になっていた。そうした縮小する市場の中で、任天堂はソニーのプレイステーションの後塵を拝していた。もともと花札やトランプなどのカードゲームの会社であった任天堂に対して、創業時から電機メーカーであるソニーの技術力は高く、先端技術を追求していく路線を歩む限りどうあってもかなわないという認識が成り立つ。

では、どこで勝つ可能性があるのかと考えて、技術革新を追うのではなく、ユーザーインタフェースを見直し、新たな顧客層の開拓や用途開発を狙った戦略が練られたのだろうと推察される。

たとえばリモコンが、テニスのラケットやゴルフのクラブのように振り回して使える。釣り竿になったり、縄跳びの取っ手になったりする。これらは最先端技術を用いたというより、すでにある技術を組み合わせて「目新しい」使用法を生み出したという見方もできる。それに合わせてゲーム初心者でも楽しめる、いや、ゲーム初心者ほど楽しめるものにした。しかも、ゲーム機がテレビ画面を使って、家族の団らんにつながるという新しいスタイル、遊び方を提唱した。

それに対して、PS3のユーザーはもともとゲーム好きのマニアックなユーザーが多く、それほど他のゲーム機に浮気をしない。しかし、どちらの人口が多いかといえば、ゲームのヘビーユーザー人口よりも、ゲーム初心者の人口のほうが圧倒的に多い。だから、Ｗｉｉのユーザーはたちまち増えてしまった。

イノベーションのジレンマの怖さ

これは、クレイトン・クリステンセンが著した『イノベーションのジレンマ』（伊豆原弓訳、翔泳社、２０００年）と同じだということにはたと気がつく。これも、ひらめきだ。自分の興味のデータベースが化学反応を起こすわけだ。

イノベーションのジレンマを簡単に解説すると、ある事業で支配的な技術が進化を続けるとある時点からユーザーが必要とするニーズを上回ってしまい、ユーザーから見るとオーバースペックになってしまう。一方で、既存の技術に代わる新しい技術は、当然ながら未熟なために最初はユーザーの最低限のニーズも満たさない役立たずである。ところが、これも進化を遂げる中で、最初はローエンドのユーザーのニーズを満たすようになり、やがてはハイエンドのユーザーのニーズすら満たすようになる。そうなるとかつての支配的技術は無用の長物となってしまうという話である。もちろんＰＳ３が支配的であった既存技術であり、Ｗｉｉの技術が未熟であった新しい技術を意味する。

ソニーから見れば、技術的にはすでにあるものをうまく組み合わせただけで、なんら最新技術を使っていない任天堂ゲーム機には負けた気がしないだろう。多分、技術的にソニーに追いつくことができなくなった任天堂が苦し紛れに、ありものの技術と新しいソフトを組み合わせただけにすぎないと思っているに違いない。ある意味、これは正しい見方だと思う。

しかし、ユーザーニーズから見れば、任天堂の技術で十分であり、ソニーのＰＳ３は高性能すぎるのである。要するにリーダー企業であるソニーのＰＳ３の技術がいつの間にかハイエンドユーザーのニーズすら上回るほどになってしまい、一方でおもちゃに近かったＷｉｉがローエンドユーザー（大人、女性）のニーズを超えることになってしまったというわけである。しかもこれが低コストときている。ソニーが対抗するのはきわめて難しい。これが「イノベーションのジレンマ」の怖さである。

だとしたら、同じような例がほかにもありそうだと考える。発想を展開するわけだ。すると、同じ任天堂が２００４年に発売した携帯型ゲーム機「ニンテンドーＤＳ」も、実は同じコンセプトをもっていたのではないかと気がつく。

軽くて小さいのに液晶画面を備え、テレビと接続する必要がなく、どこにでも持ち出せるＤＳも、女性や中高年層などにゲームユーザーの裾野を拡大することに成功し、大ヒットした。それまで重視されていた技術、特に大画面で生きる画像処理技術の戦いではなく、新しいエンターテインメントや自己啓発、鍛錬など利用シーンの転換を提案し、受け入れられたのだ。Ｗｉｉは実は、その２年前に出て成功した携帯型のＤＳのコンセプトを据置型に応用したものだったのである。

成功の復讐

時代を遡ってみよう。技術革新ではなく、エンターテインメントやスタイルの新提案を行ない、時代の寵児となったものに、１９７９年に発売されたソニーのウォークマンがある。ウォークマンはその当時すでにありふれていたカセットテープ再生機を携帯できるサイズに小型化し、戸外に持ち出してヘッドホンで音楽を聴くという新しい習慣を提案し、大ヒットした。振り返ってみれば、音楽を持ち歩くという習慣はあそこから始まった。

だがそのウォークマンも2000年代になって、ネットでダウンロードした楽曲ファイルを内蔵ハードディスクに保存する、アップルのiPodに取って代わられる。iPodが登場したとき、ソニー社内にはすでに同様の製品の企画があったという。しかしウォークマンとの競合を恐れて製品化されずに終わった。一世を風靡したウォークマンも自らの成功モデルに固執したことで、過去の存在に追いやられることになったわけである。

これはソニーにとっていわば「成功の復讐」といえる。

「成功の復讐」は私がボストン コンサルティング グループ（BCG）に在籍していた時代によく使っていた言葉で、成功を生み出したビジネスモデル自体が足かせになって、業績を悪化させてしまうことを意味する。

ウォークマンに取って代わったiPodもその後、スマホに取って代わられたことは、先に見たとおりだ。そしてDSやWiiによって女性や中高年層という新しい市場を開拓し、ゲーム産業を新たなステージへと導いた任天堂にも、次の試練が待っていた。

スマホゲームの登場である。

コアなファンの獲得競争ではソニーのプレイステーションに負けながらも、それまでゲームをあまりしていなかったライトユーザー、ノンユーザーを開拓することに成功し、ビデオゲーム市場を大きく広げた任天堂だったが、新たに任天堂のゲーム機で遊ぶようになったライトユーザーは、コアなファンと異なり、ゲーム機の種類や映像のクオリティにはあまりこだわりがなかった。

このためスマホが普及し、無料で遊べるスマホゲームが出てくると、ライトユーザーは一気にゲーム専用機からスマホに移ってしまった。スマホゲームは画面の大きさや画像のクオリティなどはゲーム専用機より低かったが、ライトユーザーはそれほど気にしなかった。それよりも大きかったのは費用の違いだ。ゲーム専用機で遊ぶにはまずハードウェアを購入し、その後もゲームごとに対価を払ってゲームの入ったディスクやメモリーカードを買わなければいけなかったが、スマホゲームの多くは無料か、有料であっても専用機のゲームよりはるかに低料金で遊べる。こうしてこだわりのないゲームファンたちは、複雑なストーリーのロールプレイングゲームなども、絵の美しさにはこだわらずスマホで楽しむようになった。その結果、Ｗｉｉも ＤＳも大きな打撃を受けることになった。約1億

163万台（世界、約7年間）を販売したWiiの後継機であるWiiUの販売量はその8分の1、約1350万台（世界、約5年間）の販売にとどまった。

これもまた「成功の復讐」の一例だ。任天堂はゲーム機の世界に新しいパラダイムをつくったが、「ゲーム専用機」と「物理メディアによるゲームの有料販売」という既存のビジネスモデルにこだわったことで、次のパラダイム・シフトにうまく乗ることができなかったのだ。

任天堂がそこから立ち直るにはWiiUの次に開発したNintendo Switchまで待たなければならなかった。2017年3月に発売されたSwitchの累計販売台数は2019年1月時点で3000万台を超えており、すでにWiiUの販売台数1350万台を超えた。Switchの特徴は、Wiiと同様に最新技術というよりはすでにある技術を巧みに組み合わせて「目新しい」技術を提供している。据え置き・携帯の両用、オンラインサービス（月額では小学生のお小遣い並みの有料制で、セーブデータのバックアップ、オンライン対戦、ファミコン世代には懐かしいシンプルゲームの配信といったサービス提供）など、かなりスマホゲームに近い。ただ、最終的にWiiを超えるヒットとなるかどうか、スマホゲームに奪われたライトユーザーを取り戻せるかどうか、となるとなかなか難しいのではないか。

こうした「成功の復讐」には他にも多くの例がある。

たとえばブックオフは読み終えたばかりの本「新古書」という新しいマーケットを開拓して成功したが、最近の業績は振るわなかった。2016年に上場来初の営業赤字に陥り、その後も2018年3月期まで3期連続して最終赤字であった。業績不振は新古書ビジネスが、実は新刊が売れてはじめて成り立つモデルだったためだ。

インターネットの普及で紙の本は売れなくなった。場所をとらない電子書籍に流れた本好きも多いし、古典を無料化した青空文庫や漫画の海賊サイトの影響、さらにアマゾンが中古本まで扱うようになり、新刊のすぐ横で安い新古書を売り出し始めたことも一因だろう。ブックオフがいくらがんばっても、新刊が売れなければ新古書も売れないのだ。2019年3月期にやっと黒字に転換したのは、ホビーや玩具、フィギュアといった新商材を導入し、「脱・古本」ビジネスを図ったことによる。

ビジネスモデルの栄枯盛衰は激しい。今は成功している企業でも、すぐ先の未来でどうなっているかはわからない。
トヨタは「プリウス」など省エネルギーのハイブリッド車の開発で世界に先駆け、大成功を収めた。しかし最近、アメリカのカリフォルニアや中国でＥＶの普及に力が入れられ、ハイブリッド車が環境非対応車として扱われるようになり始めた。トヨタは次世代自動車の有力候補であるＦＣＶ（燃料電池自動車）にも注力しているが、ＦＣＶはＥＶに先行を許しており、今後の展開によってはそれまでの環境対応車のトップメーカーが、逆に周回遅れのような状況に立たされることになりかねない。

この発想の連鎖に終わりはない。なぜあの商品はこんなにヒットしたのだろうか、そのヒットはいつまで続くのかという疑問、問題意識を少し転がしていくだけで、これだけの発想の連鎖を生むことができるという例だ。

こうした展開を行なうことで、人によっては十分にビジネス上の企画などに役立てることが可能だろう。たとえば、競合商品やサービスは、今まで認識していた製品やサービスだけではないというのも、異業種格闘技のリングの中では当然のこととなる。こうした知見は、幅広く大いに役立つはずだ。

ところで、スマホゲームによって任天堂が窮地に立たされていたとき、ソニーはどうしていたのだろうか。

実はソニーは、任天堂ほどスマホゲームの影響を受けていなかった。2012年に発売された任天堂Ｗｉｉの後継機ＷｉｉＵが伸び悩んでいる一方で、2013年発売のソニー「ＰＳ４」は、同社のプレイステーションシリーズの中でも最大の売上を記録し、2019年時点でも販売が継続されている。

なぜそんな違いが生まれたのか。そこには両社が抱えていたファン層の差が関係している。任天堂の主要顧客だったライトユーザーがゲーム専用機からスマホに移る一方で、ソニーの主要顧客だったコアなゲームファンはスマホで遊べるゲームのクオリティには満足できず、相変わらずゲームを専用機でプレーし、高解像度のディスプレイにつないで楽しむことをやめなかったのだ。

スマホゲームの人気を見て、多くの人は「ゲーム専用機はもう終わった」と考えた。しかしスマホゲームで満足できないマニアックな層は確実に存在しており、ソニーはそれをがっちりとつかんでいたのだ。現在ではソフトを売り切りにするだけではなく、ネットワークゲーム（対戦型ゲーム）を楽しむためには会費を必要とする月額制のサブスクリプションモデル（プレイステーションプラス）にすることで、売上の安定化と顧客のつなぎ止めに成功している。

顧客志向の自動車泥棒

新聞記事を読んでいてひらめくこともある。ずいぶん前のことであるが、ある日、朝日新聞を見ているとおもしろい記事が載っていた。それは関東地方のどこかで自動車窃盗団が捕まったという記事である。

自動車泥棒が捕まっただけなら大したニュースではないが、その犯罪の手口がユニークだったので印象に残ったと同時にひらめいた。その窃盗団は最初、クルマを盗まないのである。

なにをやるかというと、街中の駐車場に停めてあるクルマの中から人気のありそうなクルマのリストをつくる。そしてそのリストをもとに潜在顧客のところに行って、「この中のどのクルマが欲しいですか」と尋ねるのである。

そして気に入ったクルマを聞いてから盗みにかかるのである。もちろん、非合法であるが、従来の自動車泥棒との最大の違いは、盗んでから買い主をさがすのではなく、あらかじめ買い主をさがしてから盗むのである。

これによって、従来の顧客が盗難車だから色が違うとか希望のモデルではないとか、ちょっと気に入らないところを我慢していたのが、このやり方では自分の希望どおりのクルマが手に入るのである。私はこれを読んで究極の顧客志向だなと思ったわけである。

それ以来、この話をネタに「自動車泥棒でさえこんなに顧客志向なのだから、あなたの会社はもっと顧客志向にならないとダメですよ」と話していた。

ちなみに窃盗団がなぜこんな面倒くさいやり方を始めたかというと、盗んでからクルマの売り先をさがすとクルマを売りたがっている輩がいるという情報が広まって、警察にまで届いてしまうリスクがあった。

ところが新しいやり方では買い主はひとりだけなので、そうしたクルマを売りたがっているという情報が広まるリスクが少なく、捕まりにくかったと書いてあった。まさに、ビジネスモデルの改革である。といっても、非合法だし、結局は捕まってしまったわけだが。

どうしてこの話から、顧客志向のネタとして使えると思ったかといえば、その頃は常日頃、顧客志向について考えていたり、企業の事例を収集していたからである。そうした問題意識があるところに、たまたま新聞記事が目に入ったので、「あっこれは使える」と突然ひらめいたわけである。

ちなみに、同様な顧客志向のネタとして、次のようなものがある。それはある会社を訪問して打ち合わせ中に、人が呼びに来て、打ち合わせの相手が「ちょっと失礼、社長が呼んでますので行ってきます」と抜けてしまうことがある。トップ自ら顧客志向を放棄して社員に内向き志向を要求しているわけだ。こういう会社に限って、トップがウチの会社は顧客志向を徹底していますといっていることが多い。おたくはまさかそうじゃないでしょうねといってやるわけだ。

この2つのネタをもっているだけでも、顧客志向について議論したり、相手の問題意識を引き出すことが楽になる。

小口化からシェアリングエコノミーへ

もうひとつ、発想の展開事例をあげてみよう。私の友人で青山学院大学の黒岩健一郎教授が『仕組み革新の時代』（嶋口充輝編、黒岩健一郎他著、有斐閣、2004年）の中で、パーク24の駐車場事業を事例に、「プロダクト小口化仕組み革新」を紹介したことがある。

その本の執筆打ち合わせの際に、この話を聞いて、私は素朴におもしろいと思った。このコンセプトは駐車場ビジネスだけでなく、汎用化できるのではないかと直感した。

つまり、コインパーキングは通常の月極駐車場と違って、駐車スペースを時間で区切って貸し出すことで収入をあげるビジネスだ。そうした意味で、時間の「小口化」をしているビジネスといえる。これまでクルマを何台も置けるような広い土地があれば有人・無人の時間貸し駐車場はあったが、2、3台しかクルマの置けない小さな土地では月極の定期駐車場以外に方法がなかった。そんな小さな土地でも時間貸し駐車場にできるという意味でコインパーキングは画期的なビジネスモデルであった。ここまでは黒岩氏の考えた話だ。

それに対して、私はとっさにそうした切り売りビジネスは、いろいろと応用が利きそうだとひらめいたわけだ。

もちろん、そのようにひらめくには、私の中に問題意識が必要だ。それは興味ないし関心と言い直してもいいものだが、私は日頃からビジネスモデルに非常に関心がある。ビジネスモデル学会の設立発起人のひとりでもあるほどだ。そのため、こうした新しいタイプのビジネスの話にはすぐに興味がそそられる。

「ちょっと待てよ、こういう話はこれまでにもあったのではないだろうか……」と思って、頭の中の引き出し（仮想データベース・後述）を探ってみると、いろいろと出てくる。

たとえばレンタルレコード（CD）やビデオ（DVD）もそうだろう。もともと買えば何千円以上するものを、1回（当日とか1泊とか）当たり数百円で貸し出すビジネスだ。レンタカーは買えば何百万円という商品（自動車）を数時間、あるいは1日単位で、何千円や何万円という単位で貸してくれる。事務所のコピー機やプリンターなど、さまざまなリース物件も基本的には同じ理屈だ。あるいはタイムシェアリゾートというスタイルも定着している。これは一戸の別荘やリゾートマンションを複数人で共有するというものだ。ひとりで買えば何千万円もするものを、あらかじめ毎年この時期の1週間だけ利用すると決めて購入すると、何百万円で済むという仕組みだ。

これだけにとどまらず、頭を自由にすればするほど、発想は広がっていく。たとえば、そもそも分譲マンションなどの集合住宅も小口化ではないか。ひとりであれだけ大きな家は建てられないけれど、大きな住宅を建てて、小口化して売れば効率がいい。


つまり、小口化というのは、「時間や空間を切り売りするビジネス」という意味らしいという示唆を得られる。しかし、そこでまた疑問が生まれる。

「ちょっと待て。レンタルCDはどちらでもない。物理的に小分けにはできない。利用時間といえば時間の切り売りともいえそうだが、どうもしっくりこない」

そこで考えていくとわかるのは、買い取った所有権を利用権に変えて商売をしているという本質だ。レンタカーなどもすべて同じだ。正確には小口化ではなく、権利形態を変えるビジネスモデルなのである。


そう考えると、さらに発想は展開する。

「ちょっと待てよ。不動産の証券化もそうなると、同じではないか。証券化ビジネスはほかにもある。あるいは、1台の自動車を複数の会員が共同で利用するカーシェアリング（利用形態は会員制のレンタカーのようなもの）も同じだ」

そうやって小口化というコンセプトを進めていくと、今、注目されているシェアリングサービス、シェアリングエコノミーに発展していく。先に紹介した書籍の刊行は２００４年なので、そうした概念は影も形もなかった。

今は「シェアハウス」といわれるように、家をシェアするのは珍しくない。私のゼミの教え子にも、渋谷駅から歩いて10分、家賃25万円の３ＬＤＫの賃貸マンションを３人でシェアしている学生がいた。３ＬＤＫなので、ひとりになりたいときには個室にいればよく、リビングやキッチンは共用で使える。今どき学生で家賃に月25万円払える人はほとんどいないが、３人でシェアすればひとり８万円で住める。さらに発展して、自宅の１室、別荘、空き家を貸し出す民泊というようなシェアリングサービスも登場している。クローゼットをシェアリング、つまり洋服をレンタル（気に入れば買い取りも可）するようなサービスも登場している。

このように小口化というキーワードは非常に汎用性が高かった。うまく利用すれば、シェアリングサービス、シェアリングエコノミーの先駆けとなるようなビジネスモデルを構築できたはずだ。汎用性が高いということは応用が利くということだから、自社のビジネスにも取り入れられるかもしれない。発想を変えれば、新しいビジネスモデルを構築できるかもしれないというわけだ。

さらに、『コア・コンピタンス経営』(ゲイリー・ハメル、C・K・プラハラード著、一條和生訳、日本経済新聞社、1995年）で名を馳せたC・K・プラハラードが著した『ネクスト・マーケット』(スカイライトコンサルティング訳、英治出版、2005年）という本がある。これは、「『貧困層』を『顧客』に変える次世代ビジネス戦略」と銘打たれた本だが、そこには歯磨き粉やスープを1回分に分けて売るという、まさに小口化のビジネスモデルが提案されている。実際に東南アジアに行くと、日本の「味の素」が使い切りサイズで売られたりしている。

そうしたことも、連鎖反応で頭の中の仮想データベースから引き出されてくる。

ここからもわかるように、ひらめきに必要なのは、触媒となる強い問題意識と自分なりのデータベースだ。あとは身の回りにある情報やマスコミ情報などに、いかに対応すべきかという話になる。

『仮説思考』もスパークから誕生

ちなみに私が書いた本の中で一番売れているのが『仮説思考』（東洋経済新報社、2006年）であるが、この本を書いたきっかけもあるスパークによる。そもそもはコンサルタントのノウハウ本というか、基礎的なスキルを解説した本を書こうと思っていた。ところが、調べるまでもなく、その手の本は世の中に掃いて捨てるほどたくさんあった。これでは今さら書いてもしょうがないから、どうしようかなと思った。

そして、元々書く予定だった本の概要をふと見てみるとそこに仮説検証のプロセスの重要性を謳った部分があった。それを見ながら、このやり方は世間ではほとんど使われないのにボストン コンサルティング グループ（BCG）では当たり前のように使われ、しかも仕事の効率に致命的な影響を与えるということに思い至った。

BCGの社内では毎日のように、「君の仮説はなにか」とか、「この仮説をどうやって証明しようか」とか、「別の仮説が考えられないか」といった会話が飛び交っていた。というのもBCGでは入社してすぐに仮説、ロジック、So What? などのキーワードを教えられるので、最初に違和感をもった新人コンサルタントでも半年もしないうちに昔から知っていた言葉のように仮説という言葉を使っているのだ。

そのとき、ふとひらめいた。世の中では日常の仕事に「仮説」という言葉が使われることはまずなかったので、これに絞って本を書いたらおもしろいのではないか。どうせやるなら人のやっていないことをやろう。編集者はそんなタイトルの本は売れたことがないといったが、結果は大当たりだった。

次章以下、どうしたらひらめき（スパーク）を起こせるのか、あるいはひらめきをシステマチックに起こしていくためにはどんなことをしていったらよいのかを紹介していきたい。

第2章

アナログ発想で情報を集める

右脳思考を鍛える

情報は整理するな、覚えるな

第1章で便宜上、データベースという言葉を使っているが、ここでいう仮想データベースとは、パソコンなどの電子機器に蓄えられたデータベースでもなければ、紙やノートに整理されたデータベースとも異なる。一所懸命にデータを集めて、分類し、整理整頓して「有事に備えろ」という話をする気はまったくない。もっと楽な、それでいて効果的な情報との接し方、情報のデータベース化の話をしたい。

日常を生きる上で、誰もが慣れ親しんだ、ある意味いい加減な情報収集・活用術だ。

私も、学生時代から社会人になりたての若い頃は、とにかく手当たり次第に情報を集めて、さまざまな情報整理術、分類法などを駆使して膨大なデータや情報を整理し、活用しようと悪戦苦闘したものだった。

B6判のカードを使った京大式カード整理法*や、さらに一回り小さい6×4判カード、あるいはA5判サイズのリフィル式システム手帳など、話題になったものはなんであれ試して、いいものは取り入れようとした。

スキャナと呼ばれる装置を使って紙の情報を読み取って、パソコン上で一所懸命にデータベースを構築した時期もあった。テーマ別にバインダーで整理したり、膨大なファイリングに時間を費やしたこともある。

しかし、そのどれもがうまくいかなかったといっていい。長続きしなかったし、なにより成果につながらなかった。

なにが一番の問題かというと、たとえばカードに記入するのに一所懸命になってしまう、あるいはスキャンしたり、テキストを打ち込んだりと、**入力作業に時間をとられてしまう。それでいて、そこで蓄え、分類した情報を活用したかというと、あまり活用した記憶がない。**インプットに10の労力を使っても、アウトプットにはそのうちの1とか2しか、活かせない。その割合が悪すぎたのだ。

つまり、情報の収集と整理で手一杯になってしまっていて、肝心の情報の活用がほとんどできていなかった。まさに本末転倒なわけで、情報を活用したいのに、情報に翻弄されてしまっていたのだ。

＊ 京都大学の教授であった梅棹忠夫氏が紹介したカード式情報分類法。

それでは困るわけで、その割合をなんとか逆にしたいと考えた。つまり、**インプットの労力は1か2程度で、アウトプットは10できるというのが理想の情報収集・活用術だ。**「どうしたらそんなことができるのか」というのが私のテーマとなった。つまり、情報活用に重点を置いて、情報の収集と整理は楽にできる、手抜きができる方法はなにかと考えるようになったのだった。

その結果、自分でユニークだと思い、人にも勧めているのが**「アナログにこだわる」**ことなのである。

アナログにこだわるとはどういうことかというと、デジタル機器や紙媒体などを使わずに人間本来のやり方にこだわるということになる。**本能を重視するし、常日頃やってきて、自然と習い性になっている生活の知恵に頼るということになる。**

人それぞれ時間も労力も限られている。そうした限られた資源を有効に活用するには、完璧主義は邪魔になるだけだ。限られた時間をどのように有効に活用するか、限られたパワーをどこに集中的に投入するか、どのように注ぎ込むか、それが大事なのだ。

ひらめき、優れたアイデアを生みたいと思ったら、アナログに情報を集める。つまり、「まずネット検索して」得た情報より一次情報、自分が直接に得た情報を重視する。

アウトプットを生みたいなら
「検索するな」だ。
しかも集めた情報は「整理するな」。
そして「覚えるな」。

それが、私の結論だ。長続きして、しかも情報を効率よく活用するための近道なのだ。

自分だけの情報にこそ、価値がある

情報には3通りある（図表2-1）。

1つ目は、グーグルやヤフーなどのサイト、商用のデータベースなどで検索すれば誰でも入手できる情報だ。これには、新聞や雑誌に載っている情報も含まれる。一般的には二次情報とか加工情報などといわれるものがほとんどだ。記者などの誰かが調べて、整理したり分析したりして加工した情報や、企業などが発信している情報だ。各種の統計情報も含まれる。加工情報をさらに加工したり、つぎはぎしたりした情報も少なくない。個人の感想や意見、あるいは研究結果の発表などの一次情報もあるが、信憑性の高くない情報も含まれる。いずれにしても、誰もが簡単に手に入れられるというのが特徴だ。

2つ目は、そうした情報に自分の経験から得た話や考察を少し加えたもの。そうすることによって、他の誰もがもっているのとは異なる独自なものの見方や情報を生み出すことができる。これを一・五次情報と呼ぶ。

しかし**私が最も重要視しているのは、3つ目の一次情報といわれるものだ**。自分が直接、人と話をして、現場で見聞きして得た、自分しか知らない情報のことをいう。

「あの人がこんなにおもしろいことをいっていた」とか、「あの会社の工場では、こんなアイデアが活かされている」など、グーグルで検索をしたとしても、絶対に出てこない類の情報だ。たとえ、同じような話は検索できたとしても、生の声は貴重だ。それぞれニュアンスが違うし、実際にインタビューをすることで、記事を読むだけでは見えてこない本質が見えることもある。また、紙や画面を見るのとは違う、臨場感が感性を呼び覚ましてくれることも少なくない。

図表2-1　情報の種類

一次情報	自分で見聞きした情報
一・五次情報	二次情報をベースに自分で加工した情報
二次情報	誰かが発信あるいは加工した情報

情報を活用する場合、もちろん二次情報も大切ではあるのだが、より重要なのはこうした一次情報だ。それも、自分だけが知ることができた、気づくことができた情報や知見であれば、ますます貴重なことはいうまでもない。

誰もが情報収集に最も活用している、インターネットについてあらためて考えてみよう。

二次情報を集めるためには、たしかにインターネットほど重宝なものはない。しかし、私の場合、インターネットの検索機能を使った情報収集は、短時間で基本的な情報を集める程度にとどめている。理由は2つある。

ひとつは、繰り返しになるが、それは誰もが集められる情報であるからだ。誰もが集められる情報だけでは、創造的な発想や思考を生むのは難しいものだ。差別化されたアイデアは浮かびにくいということだ。つまり、有効なアウトプットに結びつきにくいということになる。

しかも、その誰でも知っている情報は、誰かがなにかの意図をもって流したフェイクニュース、あるいは単純に事実を誤認している情報かもしれないというおまけまでついている。

もうひとつは、検索という行為は、最初にキーワードを入れるので、そのキーワード以外に発想が広がりにくいという欠点をもつことだ。その結果、情報収集も型にはまりがちになるし、情報収集の過程で新しい発想が浮かぶ＝ひらめくということが少ない。

そのため、与えられた問題についての知識を深める、辞書のように知らない用語の意味を調べる、知っていることをさらに深掘りするにはいい方法なのだが、そこから斬新なアイデアが生まれるということは少ないように思える。

たとえば、町おこしに花火大会を行なおうと考えて、過去行なわれた各地の花火大会のコストや集客などを調べることはできるだろう。そうした調べ物を指示されたとすれば、それはインターネットや商用データベースを使って調べればいい。その結果、花火大会の実行計画は練れるかもしれない。

しかし、そうした方法では、花火大会に代わるイベントを考え出すことは決してできない。いくらグーグルや日経テレコン（日経新聞の提供する記事データベース）を検索しても、「これからの町おこしの切り札」は出てこない。だから「なにはともあれ、まず検索する」は避けたほうがよいのである。

そうしたアイデアを出すには、自分の足を使っていろいろな人に会って話を聞いたり、あるいは実際に行なわれているイベントを見聞きしたり、誰かとディスカッションをしたり、さまざまな方法を使って考えることが必要になる。そうした方法は、どれもアナログ的な方法であるのだ。

もちろんインターネット経由の情報収集でも工夫次第では有用な一次情報を得ることはできるし、さらに二次情報を上手に活用することで人をうならせる企画やアイデアを生み出すこともできなくはない。しかし、こうした方法より自分が直接見聞きした一次情報を活用するほうが、ユニークなアイデアを考えたり、人をうならせるような企画を生み出す可能性が高いのはいうまでもない。

ユニークなアイデアを生むための情報

私にとって、最大の情報収集の方法は、人に会って、会話をしたり、インタビューをして話を聞いたり、議論を戦わせることだ。それによって差別化できる情報を入手する可能性も高いし、いろいろな情報が、他人との議論を通じてこなれて、新たなアイデアに結びつく可能性も高い。つまり、「ひらめく」可能性も高いということになる。

情報収集の過程は、決してつまらない地道なものであってはいけない。それ自体が想像力を刺激する、楽しい、そして創造的な作業でなければいけないと私は思う。

つまり、情報収集というものを私は、あくまでもアイデア創出のための方法論であると位置づけているのだ。

ユニークなアイデアを生まない情報には、意味がない。その意味では二次情報も、それはそれで重要な情報ではあるが、情報に踊らされてしまっては活用することはできない。だから、自分の感性を信用して、貪欲に、しかし気楽に情報に接するのがいいと思っている。

最近では、アイデアをひねり出すにも、外に出たり、人と話すのではなく、パソコンの前に座ってネットサーフィンをして考える人が多いようだ。その方法を100%否定するわけではないが、そうした方法にはおのずと限界があると私は思う。

たとえば、iPhoneについて、それがどんな機能をもっているかを説明するだけならば、グーグルで検索したり、アップルのウエブサイトで調べても、それなりのことはすぐにわかる。しかし、その情報にはほとんど価値はない。そうではなくて、たとえば「iPhoneを活用したモバイル・マーケティングにはどのようなものが考えられて、それであなたの会社のビジネスはこう変わる」ということを語れるかどうかが問われる。

経営コンサルタントに求められているのはまさにそこで、経営者に「これについてどう思うか」という質問をよく投げかけられる。そのときに、新聞に載っているような教科書的なことを答えても、経営者の心には響かない。「これはこういうふうに考えることができる」とか、「昔の例でいうと、このときと同じことです」などと説明できれば、非常に説得力があり、心に響く。

もちろん二次情報の加工だけでこうしたクリエイティブな発想ができればそれに越したことはないが、さらに付加価値が高いのは、実際の事例を追いかけ、先駆となる現場を取材して、いろいろと話を聞いてきたような情報だ。もちろん、他社にしゃべってもよいという条件をクリアしていればという制約は加わるのだが、そうした見聞情報ほど、魅力的で付加価値の高い情報はない。

いずれにしても、そうやって自分なりの情報のプールをつくっておいて、過去の情報と今の情報をリンクさせるというところに、価値が生まれるのではないだろうか。

メディアに振り回されるな

テレビやラジオなどのメディアも、貴重な情報源には違いない。しかし、少しでも情報を集めようとして、見る番組、聴く番組を選択したり、比較し始めると苦痛になるだけだ。テレビの前でメモをとるのもつらい。だから、意図的に見る、聴くというよりも、日常生活の中で、「あ、これっておもしろい話だな」「興味深い内容だな」と、ふと思ったときに、ちょっと気にとめておけばいい、見ておけばいいと思っている。場合によって録画をしておくのもいいと思うが、必ずしもそのデータを見返す必要はない。

数あるメディアの情報とのとりあえずの接し方は、その程度でちょうどいい。逆に、メディアの情報に振り回されてしまったらおしまいだ。

インターネットも同じだ。私たちはパソコンの前にいる時間がどんどん長くなっている。そのうち、インターネットに接続している時間も少なくない。ネットサーフィンの中でもニュースをサーフする（ネットの中を次々にめぐっていくこと）のは貴重な情報収集の方法だろう。ネット上には各新聞社や通信社のサイトをはじめ、多くのニュースソースがある。海外や各業界のニュースも簡単に検索することができる。スポーツ新聞ばかり見ている人もいるが、いずれにしても、自分が興味のある分野のニュースを検索している中でも、ぱっとなにかがひらめくことはあるだろう。

私はそういう方法論はとらないのだが、そうしたやり方を否定するわけではない。同じメディアでも、活字媒体に対する接し方はいささか違ってくる。私の場合は仕事に直結する内容のものよりも、雑学の類が多いが、書籍、新聞、雑誌は貴重な情報源だと思っている。

電車の中でこうした情報にふれることが私の場合は多いが、新聞などを読んでいて、思いついたことは余白にすぐに書き込む。書籍の場合は、よくアンダーラインを引いたり、マーキングしたり、ページの端を折ることも多い。書籍そのものが好きな方からは怒られてしまいそうな読み方だが、情報源としてはそういう読み方がいいと思っている。

車内が混んでいて本などが読みづらいときは、今度はもっぱら中吊り広告や吊り革広告を見てすごすことが多い。

いずれにしても、メディアから情報を収集することは重要ではあるのだが、情報に踊らされないためには、この程度の雑ぱくな対応がいいと私は思っている。

そうした距離感は、各種の既存データにもいえることだ。たとえば市場規模の推移をはじめ、各行政機関やシンクタンクが発表する過去のデータや未来の予測データは、今後の市場動向を考える上で、重要ではあるが、確実なデータではない。過去の延長線上で未来は推移しないし、それらは誰もが知り得る情報であるから、そこから差別化されたアイデアや事業計画が出てくる可能性は少ないだろう。

だから、適当な距離感で、そういう情報やデータにも接して活用するのがいい。

ところがもっぱらデジタルツールを活用し、現場に出かけることもせずに過去のデータから未来を予測しようとし始める人が多い。そうなると、メディアが流す二次情報や、過去の統計情報があたかも金科玉条のごとくになってしまって、そこから抜け出せなくなる。

それでは、卓越したアイデアや洞察力を発揮することは難しいということがわかってもらえるのではないだろうか。

電車の中は情報の宝庫

私はもっぱら電車通勤だが、電車の中ほど重要な場所はないと思っている。書籍や新聞を読むだけでなく、ボーッとして考え事をするにもいい空間であるし、世の中の動向、流行りを観察するにも大事な時間だ。世代別の習慣やファッション、流行のグッズなどを知ることもできる。

かつては電車の中で、本や雑誌、漫画を読んでいる人をよく見かけた。2000年代に入るとそうした活字媒体を読む人は減って、iPodなどの携帯音楽プレーヤー、あるいは携帯電話か携帯ゲーム機で音楽を聴いたりメールを打ったり、ゲームをするようになった。

その当時、いつもの通勤電車の中の風景に違和感を覚えたことがある。それは、電車の中でゲーム機をいじっている女性が多いなと思ったことだった。しかもどちらかといえば、大人の女性たちがゲームをしていた。大人の女性がゲームをしてもなにも悪いことはないのだが、それまではゲームに勤しんでいるのは男性ばかりだったものだから、なにか妙な感覚にとらわれたのだ。

私は元来好奇心旺盛だから、彼女たちがなにをやっているのかに興味をもった。見たところ一番多かったソフトは脳トレ（脳を鍛える大人のDSトレーニング）のようだった。それが意味するのは、第1章で説明した論旨になぞらえれば、手軽な携帯ゲーム機の登場によって従来はゲームなどしなかった層がゲームをするようになったということであり、また大人の女性たちが空いた時間をアンチエイジングの努力に費やしているということでもあるだろう。

女性といえばその頃は、これは年齢を問わずだが、電車の中で化粧をしている女性が多く、賛否両論を巻き起こしていた。私も個人的にそれがなにを意味するのか考察し、2つほど仮説を立ててみたことがある。ひとつは化粧をした後を見せるというよりも、化粧自体を見せるというふうに風習が変わってきたという考え方。もうひとつは、移動手段である電車は、公共交通機関で人の目が多いにもかかわらず、プライベートなクルマの中と同じだと割り切る人たちが増えている証左とする考え方だ。なりふりかまわず、目的地までの時間をひたすら耐える空間なのかもしれない。だとすれば他人の目などかまっていられない……。

正解は結局わからなかったが、それから何年か経つと、いつの間にか電車の中で化粧する女性を見かけなくなった。電車の中で化粧する女性が増えたことも謎だったが、それがいなくなったことも謎である。これについては、今も腹落ちする答えにたどりつけないでいる。

最近の電車の車内はどう変わっただろうか。見ていると誰彼かまわず皆スマホを見ている。新聞を読む人はもちろん、携帯音楽プレーヤーで音楽を聴く人もあまり見かけなくなった。音楽を聴いている人も音楽専用プレーヤーではなく、スマホでYouTubeを見ながら聴いている。

スマホでなにをしているのか観察すると、多いのはやはりゲームで、これは以前に携帯ゲーム機を使っていた人たちがスマホに移行したものだろう。後はＬＩＮＥで通信したり、インスタグラム（インスタ）を見ている人が目立つ。かつての電子メールのやりとりは、ＳＮＳ（ソーシャル・ネットワーキング・サービス）を使ったより同時性の高い文字コミュニケーションに取って代わられたようだ。全体として見ると以前はゲームやニュースなど、誰かがつくったものを受け身で見たり遊んだりしていた人が多かったのが、最近はLINE、インスタなど、身内のコミュニケーションが増えている印象だ。これはデジタルコミュニケーションの主流が従来メディアで一般的だった一方通行のワンウェイ型から、双方向型のコミュニケーション中心に変化していることの表れかもしれない。

中にはスマホでショッピングしている人もいる。ファッションのサイトを見ながら、縦に横にとフリックして商品をチェックし、気に入ればその場で注文してしまう。ネットショッピングも昔はPC経由しか選択肢がなかったが、最近はスマホの画面も画質がよくなり、通信費用もローコストになってきて、モバイル端末で問題なく買い物できるようになっている。SNSの運営者もそれに合わせてサービスを進化させており、インスタからも買い物できる。人々は通勤中に暇つぶしだけでなく、消費もしているのである。これはマーケター目線で見れば、消費者の購買行動が明らかに変化したということだ。

こうした観察や想像、発想の展開は、興味の対象や蓄えられているデータベースによって、内容はさまざまだろうが、誰でも行なうことではないだろうか。そうやっていろいろな傾向や心理状態を想像し、あるいは理解するのに、電車の中は非常に重要な空間だと私は思っている。

キョロキョロする好奇心

もちろん、街中もそれは同じだ。電車の中と違って、化粧の話のような、いわば「本性」に近い部分は表れにくいが、流行などはよくわかる。どんな店が増えているのか、流行っているのか、どんなクルマが多いのかなど、歩いていても周りを見回すことで、たくさんの情報が目や耳に入ってくる。

それで気になることがあれば、立ち止まってよく観察したり、店の人などに質問をしてみれば一番いいのだろうと思う。タクシーの運転手さんに質問してみるだけでも、おもしろい情報を得られることだってある。

たとえば「ドラッグストアの市場規模がコンビニに接近してきている」という記事を見る。2018年度にはコンビニの市場規模10・9兆円に対して、ドラッグストアのそれは7・2兆円に達したという。

第1章でもふれたように、近年のドラッグストアは食品に力を入れているが、これはコンビニも同様だ。さらにドラッグストアはこちらもコンビニと競合する日用品や文具も扱い、これに衣料品などを加えた非医薬品分野の割合が売上の50％近くを占めるようになっている。コンビニだけでなくスーパーとも競合する業態になっているのだ。なお２０１８年度の食品スーパーの市場規模は10・７兆円で、僅差ながらコンビニに逆転されている。

ここまでは知っておくと役に立つ情報だが、その統計的事実だけを知っていても差別化はできない。実際にドラッグストアとコンビニ、さらにスーパーの店頭を観察して比較したり、アルバイトのドラッグストア店員さんでもいいが、ちょっと話を聞いてみる。そうした一次情報を加味して、なぜドラッグストアがスーパーやコンビニと競合するようになっているのか、それは日本人の消費動向のどのような変化を意味するのかを考えたり、あるいは他の人と議論することもできるようになる。

店内ならば、電車の中と同じように観察を楽しむことができる。たとえば私は以前、たまたま入ったそば屋さんで、昼間から女性が立て続けにビールを注文して飲んでいるシーンを見てびっくりしたことがある。それで知人の女性たちに「これってどうなの？」と聞いてみると、「当たり前じゃないですか」「そんなことも知らなかったのですか？」などと反論される。それで時代を学ぶことができる。そのときは、自分の価値観が変わっていくのが肌で感じられて快感だった。

あるいは会員制倉庫型店舗として有名なコストコに平日に行ってみる。コストコにある商品の多くは、大量にパッケージされている。飲料をケース買いしたり、大量のベーグルをまとめ買いしたり、大型サイズのピザやステーキ肉などを買う店なのだ。洗剤などの消耗品も何本もまとめてパックされ、「こんなに使い切れない」「どうやって消費できるのか」という状態のものが多い。しかも、食料品にしてもなんでも揃っているというわけではない。偏りがある。欧米風の偏りであり、多分、安く大量に仕入れた商品を目玉商品として並べている。独身男性の多くには縁のない場所だろう。

それでも実際に行ってみると、非常に混んでいて驚く。事前に聞いた話では飲食店関係者が利用したり、主婦が何人かで来てまとめ買いをして皆で分けるということだった。それならばわかるが、どう見ても家族みんなで来ている人たちも多い。一部の層には完全に普段使いの業態として定着しているのだ。日本人の生活スタイルが変わってきていると感じた。

そうした情報は、ただの雑学で終わる、うんちくで終わる、せいぜい講演ネタで終わるかもしれないが、場合によっては他の情報と結びついて、重要な仕事上のアイデアを生むきっかけとなるかもしれない。

電車の中にしても街中にしても、もちろん、広告は貴重な情報源だ。社内の中吊り広告や駅の壁面広告、ウインドウ広告やポスター、看板広告などを眺めるだけでも、さまざまな流行り、廃りが見えてくる。

なぜならば広告はその時々の世相を反映していることが多いからである。学校の広告が多ければ、少子化による学校経営の大変さを肌で感じることができるし、マンションや戸建て住宅の広告に載っている価格からはサラリーマンの求める住宅の平均値や人気のエリアがどのあたりなのかなどを読み取ることも可能である。さらに週刊誌の中吊り広告で見出しを見れば、おおよその記事の内容が想像できるため、世の中の流行りにも敏感になる。

かつてはなかった電車内の光景のひとつに、液晶ディスプレイを使った動画広告（デジタルサイネージ）がある。スマホを見ていない人はかなりの率でそちらを見ている。

デジタルサイネージでも中吊りでも、目につくのは全国区の大企業によるマス・マーケティング的な広告が減っていることだ。

季節に合わせて一車両全体を同じ製品の中吊りで統一してしまう季節性のある商品、たとえば夏にビールや清涼飲料水の広告が目立つ程度で、増えているのはエステや英会話などの習い事、健康食品や市販薬、あとは沿線の不動産やショッピングモール、お墓の広告だ。自動車や家電などの大企業の出稿は減り、明らかに小粒になっている。

なぜそうした形の変化が生じているのだろうか。かつては通勤電車の中から買い物することなど不可能だったから、電車内の広告も主に認知度アップを目的としていたと考えられる。ところが今は状況が変わり、車内広告はモバイル端末を手にし、その場からネットショッピングできる状態にある人たちに向けて訴求している。すると当然ながら、広告内容もマス広告からプロモーション的な形に変化し、販促が効果的と考えられる商材が選ばれることになるわけである。エステ、英会話、健康食品などにはうってつけだろう。

こうした情報収集の方法は、なにも私の専売特許ではない。たとえば花王で取締役会会長を務められた後藤卓也氏も、「キョロキョロする好奇心が大事」だという主旨の発言をされていた。ご自分でも街中を観察したり、電車の車内の観察を怠らないようにしているそうである。花王における商品開発も、会社の中にこもっていてはダメで、外に出ないとダメだと口を酸っぱくしていっていたと語ったのが印象的だ。

情報は無理に集めるな

情報収集において重要な点は、常に問題意識をもつということだ。普通に生活をしているのと、アイデア創出のために情報感度を高めて生活しているのとでは、どこが一体違うのか。見た目が大きく違うということはない。後者にはノルマがあって、実は結構つらいということでもない。

違うのは、後者の場合は強いていえば意図して問題意識をもっているという点だ。しかし、常に問題意識をもってなにかをさがしていく、見ていくのは結構大変である。そこで、**実はいったんもった問題意識は忘れてしまってよい**というのが私の主張だ。

なぜならどうせ脳のどこかに潜在意識として残っているからだ。それさえもっていれば、何気なく見える普段の景色や日常の会話からも仕事のヒントや自分の課題解決のためのアイデアを得ることができる。これまでと同じように生活し、働いていたとしても、問題意識さえあれば、関連する情報に接すると、脳が自然に引っかかってくれて、自分のデータベースと勝手に化学反応を起こしてくれる。そのまま前を通りすぎることができずに立ち止まる、ただボーッとやりすごすことができずに引っかかる。それだけの違いだが、これが大きい。

前述した電車の中のゲーム機の話もそうだ。なにも気にせずに済ませるのか、それともこれはどういう現象なのか、その示唆するものはなにかと考えるのかは、興味の範囲が広いかどうかにもかかわるが、情報感度、あるいは問題意識の有無によって決まる。より重要なことはそうした傾向、あるいはターゲット、テーマなどに問題意識をもっているかどうかなのだ。

たとえば、「インターネット広告費が新聞や雑誌の広告費を抜いて、テレビ広告に次ぐ2位になった」「インターネット広告が急伸」といったような新聞記事が毎年、掲載される。かつては「テレビ、新聞、雑誌、ラジオ」が四大媒体と呼ばれていたが、その2番目にネットが割って入ったのだ。今やネット広告の市場規模は地上波テレビ広告と並ぶところまできており、トヨタなどはむしろテレビよりネット広告の比重が高いと聞く。こうした記事には図表2-2のようなグラフも掲載されていて、ネット広告が急増しているイメージが伝わってくる。

そういわれてテレビCMを見ると、たしかに最近はかつてのような大企業ばかりでなく、

図表2-2　媒体別広告費

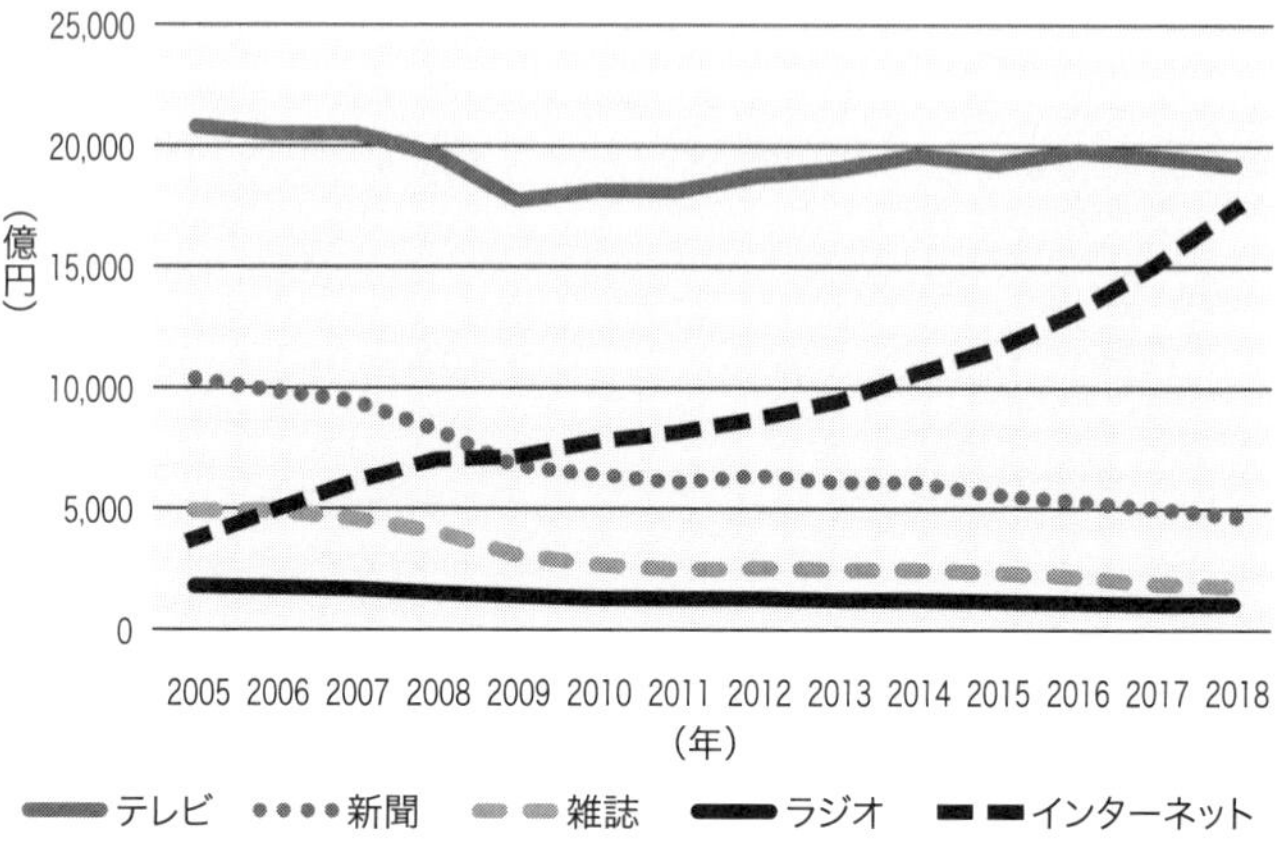

出所：電通「2018年　日本の広告費」より作成

スマホゲーム、パチンコなどの娯楽産業や消費者金融の広告、あるいはテレビショッピングなど、広告主が多様になってきている。テレビCM出稿の敷居が、以前に比べて低くなったようだ。地方局のCMには、地元のエステサロンや葬儀会社が出稿しているし、キー局であっても昔なら見なかった業種の企業がCMに登場するようになった。

私は最初「大手がテレビなどのマス広告を減らしてネット広告に予算を振り向け、その分テレビ広告の放送枠が空いたのではないか」と考えていた。

実際、インターネット広告の規模がぐんぐん大きくなっても、テレビ広告の市

図表2-3　2013年と2018年の広告費比較

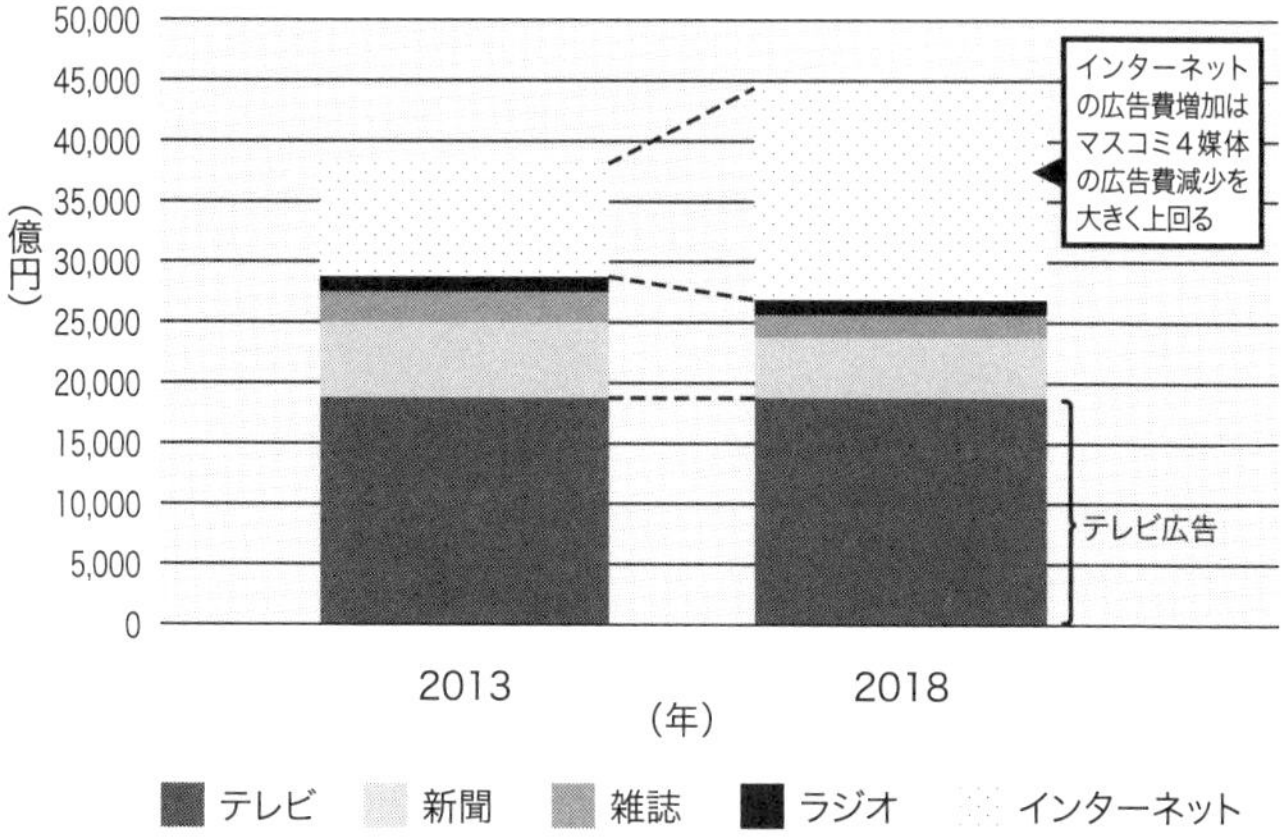

出所：電通「2018年　日本の広告費」より作成

場規模はほぼ横ばいで、ほとんど落ちていないからだ。それは先ほどの図表２−２の折れ線グラフを注意深く見るとわかる。ちなみに２０１８年と２０１３年を棒グラフで比較して見てみればよりはっきりする（図表２−３）。

この事実はなにを意味するのか。

ここで現場での知見が重要になってくる。

大手企業の広告費の内訳を調べてみると、彼らはマス広告を減らしているが、同じ額だけネット広告を増やしているわけではないということがわかってくる。それではいったい誰がネット広告費の増加分を支えているのか？　さらに企業の現場の人たちに話を聞くと、ネット広告の場合、必ずしも宣伝部・広報部が担当しているわけではないことも見えてくる。

企業でマスメディア向けの広告費を扱うのは宣伝部・広報部だが、実は企業が使っている広告関係費はそれだけではないのだ。販売促進活動（プロモーション）費と呼ばれる別枠の予算があり、そちらは営業部門が管轄している。

プロモーションとは一般には店頭で試食したり、販売店にインセンティブを用意したりといった販路密着型の活動のことだ。一件一件の予算規模は小さいが、数が多いため、トータルでは広告費をしのぐほどの金額になる。

日本の広告費は1年間でおよそ6兆円といわれている。一方、販促費用についてははっきりした統計がない。ボストン コンサルティング グループ（ＢＣＧ）に在籍していた頃に推定してみたことがあったが、６兆～12兆円と幅がある。

もしかするとこちらがネット広告の市場をつくっているのかもしれない。つまり他の媒体の広告費を削ってネット広告を打っているのではなく、これまで販促費という扱いだった予算がインターネットに流れ込んでいる可能性があるのだ。

敷居が低くなってきたといっても、テレビＣＭ出稿の費用は高い。一方、ネット広告の費用はそれより2桁、3桁低くなっている。中小企業の営業部でも、十分に使える予算の範囲だ。またネット広告自体もこれまでのマス広告とは違った性格をもっている。

テレビや新聞の広告は、消費者に製品やサービスの認知を広める目的で行なわれている。その効果があることはわかっているが、広告による認知度の向上が実際の売上をどれだけ持ち上げたのか、正確に検証することは難しい。

インターネット広告の特徴は、単に認知度を上げるにとどまらず、販促効果を1つひとつの広告に紐づけることができることだ。資料・サンプル・見積もりなどの請求をする見込み顧客を呼び込むことはマス広告よりもやりやすい。加えて、「ワンクリック当たりいくら」「一請求当たりいくら」といった成功報酬型であることも多く、テレビなどに比べてはるかに広告と売上の関係がわかりやすい。その意味でマス広告よりプロモーションに近い。

これまで営業部門が握っていた販促費が流入してきたことでネット広告の市場規模が拡大しているのだとすれば、その売上高をテレビや新聞など従来型のマス広告との競合という観点でとらえるのは、間違っていることになる。

先ほど電車に乗っている人々がスマホを見ていること、そして電車の中の広告が認知度を狙ったマス向けのものから、販促を狙ったプロモーション的なものに変わってきたことに気づいたと述べたが、その気づきは「インターネット広告が2位になった」ということの記事と結びつく。そこから、たとえば「自社の製品・サービスを売り込むために、ネット広告を、こんなふうに利用できるかもしれない」となれば、ビジネス上のアイデアにまで昇華する。単なる記事や統計数字が現場での知見と結びつき、役に立つ情報にまで昇華して、仕事に直結してくるかどうかは、問題意識の有無とその強さによる。

問題意識があれば、なんとなく引っかかる。1回目は、やや首を傾げただけで終わるかもしれないが、2回目、3回目とそういう場面に遭遇すると、もうそのままやりすごすことはできなくなる。そうやって情報が強調されて認識されるようになる。そこからなんらかのアイデアが生まれる可能性も高まる。

言い換えれば、そのように引っかからないものは流していってよい。一度や二度は流してしまう。あるいは問題意識とは関係のない情報や現象は気にとめない。つまり、そうやって数多《あまた》ある情報をフィルタリング（ふるいにかけること）しているということなのだ。

この世の中で見聞すること、感じることはすべて情報であるといえる。言い古された言葉ではあるが、情報はあまりに散乱している。その多くは誰でも手に入れることのできる二次情報だ。だから一次情報にこだわるとともに、問題意識というフィルターを通して情報を自然と選り分ける。情報を集めるだけ集めてから、余分な情報を捨てるのでは手間がかかる。そこから大事な情報だけ選んで分析するなどということは、現実的なやり方ではない。

そうではなく、最初から、できるだけ必要な情報にだけ着目するようにするのが賢い方法であるはずだ。

私生活の中ではどうだろうか。問題意識などと硬い言葉では呼ばないが、そうしたフィルタリングはやはりある。興味のないお店の存在は、通勤途上にあっても気づかないというのと同じだ。自分が興味をもつ類の情報や趣味に関する情報には、目敏いのが人間だ。それは問題意識と同じだ。

料理の素材でも同じだ。自分が常日頃、新しいパスタに興味をもっていれば、スーパーマーケットの棚から、「あっ、これをパスタに入れてみようか」という食材に遭遇することがあるはずだ。あるいは、外食していて気に入った味や料理に出会ったとき、「この味つけをパスタに使ったらどうなるだろう」と思ったりもするはずである。これこそがひらめきである。

これも解説すれば、日頃からおいしいパスタをつくりたい、新しいメニューを工夫したいという「問題意識」をもっているところに、スーパーの棚に並んだ野菜や香辛料といったものが目に入るという現象が組み合わさって「ひらめき」が生まれているわけだ。その際にこれがはじめての経験ではなく、過去にも同様な、これはパスタに使えるのではないかという思いつきの例（すなわちデータ）や、逆にやってみたことはあるがあまりうまくいかなかった、あるいはまずかったという事例が「データベース」として保管されていると、さらにひらめきの質が上がるはずだ。

仕事も同じでいいはずだ。私であれば、興味のあるマーケティングや経営戦略にからむ話題や事象にはおのずと引っかかる。そうした引っかかるカテゴリーをもつこと、それを問題意識として意識することが大事なのである。

ただ、ひとつだけ注意しておきたい点がある。私生活では問題意識＝興味でよいが、仕事の場合は自分の興味だけでは仕事の領域をカバーできないことが多い。したがって自分の仕事に関係ある領域で自ら問題意識をもつというステップがひとつ余計に必要だということである。たとえばあなたが中年のビジネスパーソンだとして、ターゲットが普段接点のない主婦層や若者層などの場合は、普段からそうした層に接する努力が必要になる。ターゲットが若者であれば、彼らが集まる場所に行く、よく読む雑誌を読み、サイトを閲覧し、テレビ番組を見る。そうした中で、情報を探る。どんなニーズがあるのか、どのような不満があるのか。あるいは誰が好きか、どんなファッションが流行りそうか。どんな商品、どんなサービスが好きそうか……などだ。

思い出せない情報は大した情報ではない

気になった見聞情報をどのように整理すればよいのか、答えは、なにもする必要はない、である。

出先でスマホにメモしたり、あるいはオフィスに戻ったり、家に帰ったときにすべてノートに書き留めたり、あるいはスマホやパソコンで整理をする必要はない。テレビを見ていて気になった情報を、ＤＶＤやハードディスクに録画する必要もない。気になるのであれば、じっくりと関心をもって見ればそれで十分である。いや、そのほうがよっぽど役に立つ。

たとえば、テレビや雑誌などで気になったタレントや歌手がいたとしよう。仕事とは関係がない。ただ「かわいい」とか「歌がうまい」とか「タイプ」とかの話でいい。そうした場合、相当印象的であったり、かなり気に入らない限り、一度、たとえばCMで見て「かわいい」と思っても、それだけでは忘れてしまう。ところが、同じタレントを短期間に、違う機会で二度、三度と見かけて、そのたびに気にかかれば、自然と興味をもって、「誰だろう」とか、「なにか番組か、芝居に出ているのだろうか」などと思って人に名前を聞いたりする。もちろん検索して調べることもあるだろう。その結果、頭の中で「好きなタレント」に分類される。歌手であれば、CDを購入したり、楽曲をダウンロードしたりするかもしれない。生活の中で行なわれる、それが通常の情報整理・活用術だろう。

仕事に関する、アイデア創出のための情報整理・活用術も同じでいいのだ。

頭の中でチェックする。印をつける。それだけで済ませてしまう。「後で、思い出せない情報は大した情報ではない」と割り切ってしまう。

それができれば、その途端に、情報整理というものは非常に楽になる。自然体で臨めるから、長続きもする。とはいえ、なにも意識しないのでは情報をフィルタリングできないから、問題意識をもつ。仕事に直結させるのであれば、必要に応じてテーマを明確にして、関連する情報を得やすい場所に行き、他人に会い、情報にアクセスするようにする。そうした努力はもちろん必要だが、知り得た情報を一から十まで一所懸命に覚えたり、メモをとったり、録音したりして、それをパソコンのデータベースなどに整理をする必要はない。

第1章でもデータベースという言葉を何度か使ったが、これはあくまでも自分の頭の中のデータベースであり、コンピュータや大袈裟なファイリングシステムや、帳面などではないことを強調しておこう。

ただ、問題意識をもって、興味をもって現象に出会い、情報として見聞する。その上で、必要な情報などに頭の中だけでチェックをつける。

コンピュータでいうところの**インデクシング**をするわけである。

インデクシングとはインデックスすなわち見出しあるいは索引をつけること。レ点を打つと覚えてもらえればいい。

人間の脳というものはよくできたもので、気になるタレントを見つけたり、おいしいと思う料理があると、素直に引っかかる。自分の興味の対象や趣味のテーマであれば、ちゃんと目にとまる。ちょっとしたことであれば、一度引っかかっても、それだけのことで、その引っかかりは消えてしまい、その記憶は忘れ去られる。しかし、その引っかかりが強かったり、あるいは忘れる前に、また同じものに出会う、同じ体験をするということが度重なると、インデックス（索引）は強化されて、少なくともしばらくの間は忘れないようになる。

この脳に印（レ点）をつけるインデクシングという行為が、後々情報を活用しようとするときに決定的な役割を果たす。

ふと耳にした音楽が気に入った、ふと目にしたタレントに関心をもった。そのときに、せいぜい、「あ、この曲いいな。後でどういう曲だか、調べてみよう」「あ、この子かわいいな。名前はなんだ？　後で調べてみよう」と思う。そうやって、思うだけでいい。ネット検索や本格的なデータベースを利用するのはここからでよい。

しかも、実際には調べてもいいし、調べなくてもいい。ただ、後で調べてみようと思ったことで、脳に印をつけたことになる。頭の中でレ点を打って、あるいは付箋をつけて、チェックしたことになるわけだ。そのときは調べなくても、そうしたチェックが度重なれば、さすがに覚えるであろうし、必要であれば追加の情報を入手して、覚えることになる。それだけでいい。

脳にレ点を打つ方法

脳の中に記憶する方法として、私が使う方法をまとめておこう。

まずは問題意識をもつことである。これは興味ないしは好奇心と置き換えてもよい。仕事以外のことであれば好きなことや生活に必要という理由で、問題意識は放っておいても生まれるのであるが、仕事となるとそうはいかない。まずは自分が仕事に関係あることで興味のある分野を認識することである。最初は1つか2つの分野（すなわち引き出し）で十分である。

問題意識をもっていれば、なにかと頭に引っかかることが出てくるはずである。その際、頭にインデックス（印）をつける、すなわちレ点を打つ方法として、私がやっていることは以下のようなことである。

読んでいる本や雑誌がおもしろければ、まずは該当箇所に線を引く。ボールペンでもサインペンでも黒でも赤でもなんでもいい。

とにかく手を動かすことと、視覚に訴えることである。その後は、なにもしないし、忘れてよい。

もし読んだ内容に触発されて思いついたことがあれば、それは本の余白に記入しておく。書くものがなにもないときは、本であればページの端を折り曲げる。

余白の書き込みを整理する必要もないし、端の折れたページをもう一度読み返す必要もない。自分がどこにアンダーラインを引いたかを確かめる必要すらない。そういうことを行なったという行為そのものが、頭の中のインデクシングにつながるわけだ。

新聞や雑誌の場合は保存しておくことはまずないので、線を引いただけでは後からさがすことができない。そのために、切り抜きを行なう。切り抜くためのハサミや時間がなければ切り裂いておく。これも**後で実際にさがし出して使うかどうかより、手を動かして切り抜いたという行為自体が脳にレ点を残すことになる。**

なにか現象・事象を見て思いついた場合や、単におもしろいと思った場合はメモをとるか写真に残す。メモには以前はロディア（RHODIA）という10㎝×7㎝くらいの小型のメモ帳を使っていたが、最近はもっぱらモバイルアプリの「エバーノート（Evernote）」を利用している。

これはネット上のメモ帳ともいうべきサービスだ。ホワイトボードの写真から思いつきのメモ、原稿の下書きまでなんでも放り込んでいて、アイテム数が3000以上になっている。他に同様の機能をもつ「ドロップボックス（Dropbox）」も使っていて、この2つ、それにメールサービスのGmail、クラウドストレージのiCloudがないと仕事にならない状態だ。

この4つのサービスはどれも無料で使い始めることができるので、普通はお金を払わずに利用している人が多いと思う。私の場合はどれも有料で使っている。たとえばiCloudなら5GBまで無料だが、それではとても足りないので200GBで契約している。

写真は以前はコンパクトデジタルカメラを使っていたが、今はスマホのカメラの性能が上がってきて、そちらで十分になってきた。おもしろいなと思ったものを素直に撮影することもあれば、黒板やホワイトボードの記録として活用することも多い。あるいは電車の時刻表の保存・参照などにも使っている。こちらも特定の用途に決め打つのではなく、なんにでも使う。

それから、人に話すのもきわめて有効な脳に残す方法である。ただ見たものや読んだものの、聞いたものに比べて、その内容を自分なりに反芻して人に話したことは、当たり前であるが記憶に残りやすい。

これは、脳にレ点を打つ方法からは逸脱するが、人に話すことで、自分の考えを整理することにもなるし、ネタが果たして受けるのかどうかを判断することも簡単である。

第3章

情報は放っておいて熟成させる

右脳思考を鍛える

20の引き出し

私は、頭の中に20の引き出しをもっている。この引き出しが、秘蔵のノウハウだ。もっとも、別に20と決めているわけではない。時によって、その数は違う。引き出しにはそれぞれテーマがあるのだが、そのテーマもずっと一緒なわけではない。あるとき、必要があって一体どれくらいの引き出しがあるのか棚卸しをしてみると、どうやら20ほどあるということがわかっただけのことだ。

この引き出しは、もともとは相手に印象づけたり、説得するために、「会話の中で使う話題」をしまっておく、「私の頭の中の仮想データベース」である。およそ20のバーチャル（仮想）の引き出しがあり、それぞれ見出しが貼られている。そして、ひとつの引き出しにはやはり20程度の話やネタ、つまり情報がしまわれている。この1つひとつをフォルダと呼んでいる。キャビネットの引き出しの中に並んだハンギングフォルダのイメージだ。要するに、最大で20×20で４００ほどのネタが頭の中にあるということになる。

図表3-1は、現在（２０１９年）の引き出しのラベルである。

図表3-1　2019年の引き出し

引き出し

仮説思考	イノベーション
論点思考	シェアリングエコノミー
右脳思考	EV
ビジネスモデル（プラットフォーム）	自動運転
ゲームチェンジ	MaaS
パラダイムシフト	イスラエル
リーダーシップ	GAFA
経営者育成	サブスクリプション
コーポレートガバナンス	AI
社外取締役	個人データ
運（勘）	

図表3－2は、このうち「イスラエル」と「イノベーション」を例にとり、引き出しの中にどのようなフォルダが入っているかを見ている。すべてのフォルダの中に、こうしたネタがひとつずつ入っているわけだ。

ただし、くどいようであるが、それぞれのテーマ（引き出しのタイトル）で自分の持ちネタを括ってみると、こんな感じになるという、あくまでも感覚的な引き出しのリストである。どの情報をどの引き出しに入れるかも、厳密に決めているわけではない。たとえば私は2018年に起きたフェイスブックの顧客情報漏

図表3-2　引き出しの中のフォルダ

ネタ

イスラエル	イノベーション
8200部隊	イノベーションは辺境から起こる
食料自給率	RING(リング)
すべての家にシェルター	ゴッドファーザーとチャンピオン
0から1	CBSソニーの人材募集
失敗と成功は同価値	丹後ちりめん
アイアンドーム	川の水かさ
嘆きの壁	氷のパイプ
ライフルを持った私服女性	海底のバドワイザー
徴兵制	エアバッグの発明者
プレゼンスタイル	しろうとの重要性(ネスレ)
終わらなかったプレゼン	セブンカフェ
電動キックスクーター	オンライン英会話
移民国家	タイムズ
出生率3.11	青山フラワーマーケット
⋮	0から1
	失敗と成功は同価値
	⋮

洩事件にレ点を打ったが、これは引き出しでいえば「プラットフォーム」にも、「GAFA」にも、「個人データ」にも入るネタである。同様に「GDPR（EU一般データ保護規則）」は「個人データ」にも「GAFA」にも、場合によっては「プラットフォーム」にも入ってくる。

それぞれの引き出しの中身をあらためて見てみると、実はこれだけ雑多な情報が入っていたというのが実感だ。もちろん、私自身はそれぞれのキーワードごとに、状況に応じて内容を語ることができる。しかし、これらはネタであると同時に、必要なときにスパークする（アイデアがひらめく）のを待つ私独自の情報プールすなわち仮想データベースの中身であるわけだ。

「イスラエル」という興味、問題意識に見合うネタは図表3-2のように括られて蓄えられている。あるいはそれぞれのネタに「イスラエル」というラベルが貼られているといってもいい。実は私は2019年に1週間、正確には7泊9日ではじめてイスラエルを訪れ、大変おもしろかったので、以後そのときの話を時々使っている。そのため引き出しをつくってイスラエル関連の話をする際にネタを見つけやすくしたのだ。

このネタの中からいくつか例をあげて説明してみよう。最初に出てくる「8200部隊」とは、イスラエル軍の部隊の名前である。イスラエルには徴兵制があるが、徴兵された若者の中でも最も優秀な者が選抜されるのが、イスラエル参謀本部諜報局情報収集部門の一部署であるこの8200部隊で、主にIT関係のセキュリティを担当している。

この部隊はビジネスの世界ではよく知られている。というのも、イスラエルはベンチャー起業が盛んなことで有名で、中でもこの8200部隊の出身者が除隊後にITベンチャーを起業するケースが大変多いのだ。イスラエルでは大学入学前に徴兵されるため、大学入学は早くても20歳すぎ、大学を卒業すると26歳、27歳になってしまう。このため徴兵後、あえて大学に進学せずに起業する人も少なくない。

「0から1」というネタも、ベンチャー起業に関連している。イスラエル人には人の下で働くのを好まず、自分がトップになりたがるカルチャーがある。また1を10にしたり、10を100にしたりするよりも、0を1にすることを好む人が多い。

シリコンバレーの場合、どちらかといえば1を10にしたり、10を100にしたりすることが得意で、有望な研究には多額の投資が集まる。逆にシリコンバレーでのベンチャー企業の「イグジット（起業の結果を出すこと）」といえば、1億円、10億円程度はゴミ扱いで、100億円クラスが目標となる。イスラエルの場合、お金集めにはそれほど興味がなく、「世界初」とか「これまで誰もやっていない」ことが好きな人が多い。そのためかイスラエルには世界初のビジネスモデルや発明が多く、人口比でのノーベル賞受賞者も多い。

イスラエル大使館科学技術部がフェイスブックで、イスラエル発の発明や発見を紹介している。たとえば2019年2月、イスラエルの民間団体「スペースIL」が、米スペースX社の「ファルコン9」で、月面探査機「ベレシート」の打ち上げに成功した。残念ながら月面への着陸には失敗してしまったのだが、もし成功していれば、民間企業として世界初の月面探査になるはずだった。同じ年の4月にはテルアビブ大学の研究チームが世界ではじめて、3Dプリンターでヒト組織から生きた心臓を作製している。

イスラエル発ベンチャーの一例が、ヘブライ大学の教授が創業した「モービルアイ(Mobileye)」だ。同社では自動運転の実用化に必須といわれる、独自の距離測定技術の開発に成功した。普通は距離を測るためには2つ以上のカメラが必要なのだが、単眼カメラで距離を測定し衝突事故を防止する技術を開発したのだ。それに目をつけた米インテルによって、2017年3月に153億ドルで買収されている。あるいは「ギブン・イメージング(Given Imaging)」は飲み込みにくい胃カメラの代わりとなる、飲み込んで使う錠剤型胃カメラ(カプセル内視鏡)を世界で最初に開発し、8億6000万ドルでアイルランドの製薬会社に買収されている。

ベンチャー起業がらみでは、「失敗と成功は同価値」というネタもある。イスラエルでは日本と違い、ベンチャー起業に何度も失敗した人は称賛の対象なのだ。極論すれば、起業に3回成功した人と3回失敗した人が同じように扱われている。もちろん成功した人は資産をきずき、失敗した人は無一文という違いはあるが、「何度も失敗した人はそれだけ経験を積んでおり、次は成功するかもしれない」と敬意をもって見られている。

日本はその正反対で、1回でも起業に失敗するとセカンドチャンスも与えられない。まして2度も3度も失敗した人には、誰も投資しようとは思わない。そうしたマインドの違いが、日本とイスラエルの経済の活力の差になっている。

これらの「イスラエル」という引き出しのネタは、図表3-2を見ておわかりのように、別の引き出しである「イノベーション」と一部かぶっている。たとえば「イスラエル」のネタである「0から1」「失敗と成功は同価値」は「イノベーション」のネタでもある。

そうやって複数の引き出しに重複してネタを入れておくのは、そうすることで同じネタを異なる状況で使い分けやすくするためだ。たとえば私はイスラエルを訪問した後、大前研一さん率いる「ビジネス・ブレークスルー大学」で2回にわたってそのときの話をしたのだが、その場合は「イスラエル」の引き出しを開けて、ネタを次々紹介していけばいい。

一方、「我が社でイノベーションを起こすにはどうしたらいいか」といった企業の会議に呼ばれて話を振られたときには、「日本でなかなかイノベーションが起きない理由のひとつとして、文化的な問題があげられます。たとえば日本では起業に失敗した人が次のチャンスをつかむことは非常に難しいのが実情ですが、イスラエルでは……」という具合に、頭の中で「イノベーション」の引き出しを開いて、同じネタを別の角度から使うことになる。

もうひとつ、イスラエルのネタを紹介しておこう。同国を訪れた際、日本でいう第三セクターのような、ナショナル・セキュリティを担当する組織で話を聞く機会があった。「プレゼンスタイル」というのは、そこで印象的だった出来事をとらえたネタだ。

訪問した我々に対し、先方の担当が2人、コンビで出てきて、ひとりがパワーポイントを使ってその組織の説明を始めた。ところが1ページ目の説明を終えたかどうかというタイミングで、もうひとりが「パワーポイントのプレゼンはつまらない。ディスカッションにしよう」と言い出し、説明をやめさせてしまった。

こちらとしてはその組織についてなにも知らなかったので、まずは説明を聞きたかったし、そもそも日本だったらひとりが説明しているのを遮ってやめさせてディスカッションを始めるなど考えられないことだが、こうしたことは実はイスラエルでは珍しくない。イスラエルの人たちは、とにかくディスカッションが大好きなのだ。

「終わらなかったプレゼン」というのは私がボストン コンサルティング グループ（BCG）時代にイスラエルの顧客相手にプレゼンテーションしたときに起きたことである。イスラエルのテルアビブ、アメリカのニューヨーク、それと東京を電話回線で結んで、

2時間の会議のうち1時間をプレゼンにあてる予定で話し始めたのだが、少し説明しただけでイスラエルの顧客のひとりがああだ、こうだと自分の意見を言い始め、それに顧客の他のメンバーが続いて、自分たちで勝手にディスカッションを始めてしまった。

これではプレゼンターの立場がない。せっかく用意した1時間分のプレゼンは半分も終えられず、我々はこれを大失敗ととらえ、会議の後で「どう立て直すべきか」と話し合った。ところが後で聞いたら、先方のトップが「今日の会議はよかった」と大喜びしていたという。プレゼンなどより、ディスカッションの材料を提供したことを評価してくれたのだ。ことほどさようにイスラエル人はディスカッション好きなのである。

時代による引き出しの変遷

引き出しに入れているネタももちろん変わるが、実は引き出しのタイトル（テーマ）は時代と共に変化する。それは私の仕事の領域や興味の移り変わりを反映している。少し古い時代の引き出しのタイトルを見てみよう。

図表3-3と図表3-4は、少し古い時代の例である。図表3-3は1998年頃の例であり、図表3-4は、2008年夏頃の引き出しだ。こんなふうに、似ているようでもあり、ずいぶんと変わってもいる。

これらすべては、引き出しのテーマ、あるいはラベルと称したが、それは便宜上のイメージだ。そのため、こうした情報が必要になって頭の中をひっくり返してさがす場合は、わざわざキャビネットの引き出しをさがして、それを開けて、それからフォルダを見るわけではない。そんなことをしていては、特に人と会話中の場合は間延びがしてしまう。あくまでも400ほどのネタ（フォルダ）をダイレクトに検索する。それではこの引き出しとは実のところなんの役割を果たしているのかといえば、実は私自身の問題意識そのものであり、ネタを取り出しやすいように括る役目を果たしているにすぎない。

古い時代のネタでも、今もよく使う話はある。

たとえば、「パラダイムシフト」の引き出しに入っている「チェスの名人」というネタだ。これはノーベル経済学賞をとったハーバート・サイモンの『システムの科学　第3版』（稲葉元吉他訳、パーソナルメディア、1999年）でも紹介されている有名な話にヒントを得てつくったネタだ。

図表3-3　1998年頃の引き出し

引き出し

IT	EC
ケイパビリティ	音楽流通
マーケティング	情報サービス産業
仮説・検証	インターネット
組織学習	セグメントワン
デコンストラクション	消費者刺激型商品開発
	情報戦略

図表3-4　2008年夏頃の引き出し

引き出し

仮説思考	マーケティング
論点思考	ビジネススクール
右脳発想	電子マネー
ビジネスモデル	Web2.0
パラダイムシフト	企業再生
異業種格闘技	ベンチャービジネス
リーダーシップ	BRICs(特に中国、インド)
経営者育成	サッカー
創造性	通信販売
運	ピークを過ぎた国日本

認知科学の実験でこんなものがある。チェスの指しかけの盤面を、チェスの腕がプロ級のグループ、ルールがわかっていてそれなりに指すことができるアマチュアグループ、ルールも知らずまったく指せない素人という3つのグループに少しの間見せる。そのあとで、今見た盤面を再現してくださいというと、当然ながらプロが一番間違いなく再現できる。次がアマチュア、最後がルールも知らない素人、こうした順番になるという。ここまで想定通りだ。

今度は差しかけの棋譜ではなく、まったくアトランダムに駒を並べて、同じように3グループに再現してもらう。すると、正解率の順番がまったく逆になるそうである。ルールを知らない素人が最もよい成績、次がアマチュア、そしてプロの順番になるという。

なぜそんな奇妙な結果になるのかといえば、プロは頭の中に何万という指しかけの局面が記憶されており、それぞれの部分をパターン認識しているので、それと照らし合わせながら簡単に再現できるために、本物の棋譜であればきわめて再現性が高くなる。ところが、アトランダムに駒を置くと、自分のデータベースと照らし合わせて、こんなコマの配置があるはずがないと、受け入れを拒否してしまい、きちんと正答できなくなる。

それでは、なぜルールも知らない素人の成績がよくなるのであろう。これも種明かしをすれば簡単で、素人から見れば、実際に起こりうる指しかけも、アトランダムの棋譜も、チンプンカンプンという意味では同じで、正答率は同じになる。ところが、プロは混乱から正答できなくなってしまうので、下手すれば素人より再現性が低くなってしまうということになる。

したがって、人間というものはあるパラダイムにいったん染まってしまうと、それとはまったく違う局面（パラダイムシフト）に遭遇すると柔軟にものを見ることができずに混乱をきたす。

私がこうしたフォルダの中身をどのように使っているかというと、ひとつは、コンサルタントとしてお客さんと話をするときに、相手に印象づけたり、あるいは関連するテーマに関する自分の考えを述べるためにたとえ話や比喩としてよく使う。

もうひとつは、大勢でディスカッションする際に、相手の質問に答えるときや、自分たちの理論を裏づけるために、頭の中から引っ張り出してきて使う。こうした話は、相手の注意を引きつけるときにも有効であるが、自分のいいたいことを補強するときに、実際の事例などを紹介するのはきわめて有力な説得材料となるものだ。つまり、アナロジー（類似事例）の活用にあたる。あるいは講演のネタとしても使う。たとえば、この話題は講演などで次のように使うことが多い。

企業で経営者に近い人ほど、パラダイムシフトに気づくのが遅れることが多い。というのも、そうした人は、これまでのパラダイムで成功したからこそ、偉くなっているわけで、意識せずに現在のパラダイムの強烈な信奉者になっている。そのために、新しい変化が起きても、なんとか古いパラダイムで解釈しようとしたり、信じることを拒否したりする傾向がある。あなたもそうならないように気をつけましょう。

というように、私の場合は職業柄、こうしたネタはいずれにしても人にしゃべるために活用されることが多いわけだが、自分が企画を考えたり、経営をする際の教訓としたり、本書のテーマである新たな情報が問題意識という触媒にふれて、化学反応を起こしてひらめくためのデータベースとしても、十分に有益なものだと思っている。つまりは、差別化された発想を得るための環境づくりなのだ。

とはいえ、「チェスの名人」の話だけではピンとこないかもしれないので、もう少し、別のネタを紹介してみよう。

オフト監督の牛

引き出し「パラダイムシフト」のネタのひとつに、「恐竜の絶滅は隕石衝突」がある。これは以下のようなものだ。

この話は、ジョエル・バーカーが著した『パラダイムの魔力——成功を約束する創造的未来の発見法』(仁平和夫訳、日経BP社、1995年)の中で紹介されている。恐竜が絶滅したのは、地球に衝突した巨大隕石のせいであるというのが、今日では定説になっているが、以前は、恐竜は地球の環境変化に適応できなくて徐々に絶滅したと信じられていた。そうした中で、従来の常識にまったく反する恐竜隕石絶滅説を提唱したのは、生物学者でも考古学者でもないノーベル物理学賞受賞者のルイス・アルヴァレズだったという。

彼は、恐竜が絶滅した時代の地層の中から、奇妙なイリジウム層を発見し、そこから恐竜の絶滅は地球に巨大隕石が衝突したときに起きたという仮説を立てた。

しかし、従来の説を信じ切った、すなわち従来のパラダイムにとらわれた専門家たちはついにアルヴァレズの説を受け入れることはなく、彼に名を成さしめてしまったという話である。

ここから学べる点は、専門家であればあるほど、自分たちのもっている既存の知識や常識にとらわれて、新しい考え方を受け入れるのが難しい。とりわけ新しい説を提唱するのが門外漢の場合には、既存のエスタブリッシュメントは拒絶反応を起こす可能性が高いということだ。企業が新しい考え方に接した場合や、競争相手がユニークな打ち手を打ってきた場合には、気をつけるべきということになる。

「リーダーシップ」の引き出しに入っている「オフト監督の牛」というネタも、かなり年季が入っている。ハンス・オフト氏は1990年代はじめ、Jリーグが始まった頃にサッカーの日本代表監督だった人である。彼はその著作である『日本サッカーの挑戦』(徳増浩司訳、講談社、1993年)の中で、「リーダーにとって大事な能力に、先見性がある。これは経験に基づいた科学である」といっている。

具体例として、向こうから牛の行列がやってきたときに、その顔だけを見て、その牛のしっぽがどんな形をしているのかを当てるのが先見性だといっている。牛が通りすぎた後で現物のしっぽを見ていうのは誰でもできる。リーダーはそれではダメだ。顔の形の特徴を見ながら、顔の形としっぽの形の因果関係を見つけ出せなければいけない。もちろん最初は当たらない。しかし、何度も繰り返すうちにわかるようになると主張している。オフトの主張によれば、リーダーの先見性は観察と検証によって学習できるというわけである。これにはまったく同感だ。

またこの話は仮説思考でもある。だから同じ話が「仮説思考」という引き出しにも入っている。違う言い方をすれば、「オフト監督の牛」というネタ（情報）は、リーダーシップと仮説思考という2つの問題意識に紐づけられているということになる。

もうひとつ例をあげておこう。2008年の夏頃の「電子マネー」の引き出しに入っていたネタで「券売機より精算機」というものがある。これは以前、JR東日本から聞いた話だ。

プリペイド方式のSuicaを導入した当初は、残額が少なくなってきたら、お客さんは駅の改札口の前に置いてある券売機で事前にチャージするだろうと考えたそうだ。ところが実際の行動は違っていた。たとえ残額が少なくなっていても、乗る駅ではチャージはせず、降りる駅の精算機でチャージするケースが圧倒的に多かったそうだ。

考えてみれば、乗車する区間の運賃がいくらかを知らずに乗れるのが、この手の電子乗車券のメリットのひとつだとすれば、まずは乗ってしまうというのは自然な行為だ。次に残額が足りるかどうかを気にせずに駅の改札口を通ろうとしてゲートに阻まれてしまう人と、足りないということを認識していて、あるいはそろそろ危ないだろうというので、改札口に向かう前に精算機でチャージするという人のグループに分かれるのである。

それがわかったので、ＪＲ東日本は急きょ、駅構内でＳｕｉｃａにチャージできる精算機を増やしたそうだ。その代わり、ＪＲの駅から券売機は減っている。

ここからいえることはなんであろうか。電子マネーのような新しいサービスや事業を試みる場合は、最初から完璧にすべてを準備することは難しいので、まず実行してみて、それから顧客すなわち市場の反応をうかがい、必要に応じて軌道修正をしていくいわゆるトライアンドエラーの考え方が大事だということだ。マーケティングでいえば、まずは小さく試してみるテストマーケティングの勧めである。教訓話とするならば、「物事はやってみなければわからない。だから、まずやってみて、そこから学ぶ姿勢が大切だ」ということができる。ただそういっても説得力がないので、こうした実例を引き合いに出すわけだ。

このようなネタに比べて、前章で述べた頭の中でチェックをしただけの記憶というのは、まだネタにもなっていない生煮えの情報でいわば野放しの記憶だ。こうした情報はなにもしないし、整理もしないで、放っておく。素材のまま放っておかれるネタの仕掛品のようなものだ。

自由自在なバーチャル引き出し

たとえば「リーダーシップ」は私が常に関心をもっている問題意識のひとつだ。大学でも関連する授業をもっているし、経営コンサルタントとしても常に重要なテーマだ。だから、その引き出しにはいつもたくさんの情報が入っている。「オフト監督の牛」のように本で読んだ二次情報もあれば、経営者に直接聞いた一次情報もある。

たとえば、2人の経営者が大学院の授業にきてくれて、講演の後、学生の質問に答えてくれた中で、たまたま共通している話題が出てきたので頭に残った。よく読む本として、2人とも思想や宗教に関する古典をあげたことだった。私は、古典ではないが、中国の歴史に関する本を読むのが好きだ。そんなことも関係して、これはひとつの情報としてインプットされた。リーダーシップと題された頭の中の引き出しに「古典」がレ点をつけた状態でしまわれたわけだ。いつの日にかネタに昇格するかもしれないし、このまま忘れ去られて終わりかもしれない。この手の情報があまり明確に意識されることなく、山のように蓄積されているわけだ。

もちろん、意識して書き出してみるまでは、引き出しの数が20かどうかも定かでないのだから、順番というものもない。右から3番目の引き出しが「リーダーシップ」などと決まっているわけではない。そこら辺は適当なのがいい。

また、ひとつのテーマがさらに細分化されてひとつの引き出しに収まり切らないような時期もある。かつては「IT」に関するコンサルティングを行なっていたので、「IT」に関するテーマが多かった。だからひとつの引き出しの複数のフォルダというだけでは足りずに、ITに関する引き出しが複数あった時期もあった。たとえば、「情報システム」「CIO」「IT投資」といった具合に分かれていたわけである。問題意識がITというだけでなく、細分化していたのだ。今は、ITのコンサルティングは行なっていないので、「IT」に関する引き出しはなくなっている。

逆に現在では、シェアリングエコノミーやサブスクリプション、AI、GAFAなど新しいエコノミーやテクノロジーに関心が強く、その分野の引き出しは細分化されている。

そうやって、自然と引き出しのあり様は変わっていく。必要に応じて淘汰されたり、拡張されたりする。そこに厳密さはない。フォルダも、長く残っているものもあれば、消えていくもの、新しく加わるものもある。

それでいいのだと思っている。普段の生活や趣味の知識、情報と同じだ。

たとえば、グルメな人がいる。なんであれ、食べ物が好きだから、「和食」や「中華」「フレンチ」「イタリアン」などと、それぞれの引き出しがある。その人がある時期、アジア各国の料理に凝れば、それまで「エスニック」というひとつの引き出しだったものが、ひとつでは収まらなくなる。「インド料理」「インドネシア料理」「ベトナム料理」「タイ料理」などと細分化していく。そういう時期は、多分、「フレンチ」と「イタリアン」は分かれていてもムダなので、ひとつの引き出しになっている。「その他」かもしれない。そうした整理が、自由に行なえるのが頭の中の引き出しのよさだ。

仕事用の引き出しをつくろう

たとえば図表3-5は、私生活の引き出しであるが、多かれ少なかれほとんどの人が頭の中にはこうした仮想の引き出しをもっていて、それこそ数え上げれば何十にも上るはずだ。普段は意識していないし、ましてや努力して記憶しているわけではないのに、いざとなると頭の中から出てくる。この柔軟さこそ、私がビジネスで活用している20の引き出しの原点である。

これらはまるで仕事に関係ない引き出しの例であるが、少し考えてみると仕事でも同様な引き出しをもっているはずだ。それらを図にしてみるとたとえば図表3-6の左になる。左側は生活で使っているのとまったく同じタイプの引き出し（放っておいても自然とたまっていく情報のプール）で、別の言い方をすれば仕事を円滑に進めるための必需品であり、ほとんど意識していないデータベースである。

右側は放っておいてはたまらない類のネタで、少し仕事を強く意識したり、意図的に考えることで引き出しになっていく。これらの引き出しとその中に入っているフォルダ（ネ

図表3-5　私生活の引き出し

引き出し

ランチに使える安くておいしい店
デートに使える店
同性同士で気軽に飲める店
今後読んでみたい本
次の休みに行ってみたい旅行先
自分の気に入ってるブランド
自分の欲しい服が揃っている店のリスト
困ったときに頼み事のできる友達のリスト
趣味のサッカーに関する話題

図表3-6　仕事用の引き出し

引き出し

自分の業務内容のことを
尋ねると教えてくれる人

仕事に関係あるデータを調べたい
ときに参考にする本やサイト

パソコンの使い方がわからない
ときに聞く人・部門

取引先が喜ぶ接待先

社内でうまく稟議書を
通すための方法論

上司の好きな食べ物・
お気に入りのレストラン

新製品開発の成功物語
（テレビや雑誌で見聞きしたもの）

自分の担当している製品や
サービスのちょっと変わった使い方

顧客や友達から聞いた自社や
自社製品に対する不満・要望

タ）はなにか新しい付加価値を生み出すためのアイデアバンクであり、新たな現象に遭遇したときにスパークを飛ばすための火種となる。

引き出しの育て方

いきなり20の引き出しを用意して、さらにその中にネタを20ずつ収納しようと思っても途方に暮れるだけであろう。まずは引き出し2つ、それぞれにネタ2つくらいから始めたらよい。2×2である。たとえば、図表3-7のような感じだ。

使っているうちに同じ引き出しに入るネタの数が増えていくことは間違いない。

さらに自分の興味分野や仕事で必要な分野が増えたら引き出しの数を1つひとつ増やしていったらどうだろう。

もちろん、正確に今日から増やすというように意識的あるいは機械的にやる必要はなく、新商品開発の事例でいえば、気がつかないうちに新商品開発がまったく新しい商品・サービス（イノベーション）での成功事例と、顧客の声を巧みに拾い上げて既存商品を改良す

図表3-7　初心者用　2×2の引き出し

マーケティング	（引き出し1）
電車内の広告	（ネタ1）
ネット広告と販促費の関係	（ネタ2）

新商品開発の事例	（引き出し2）
イノベーションのジレンマ	（ネタ1）
成功の復讐	（ネタ2）

注：いずれも仮の例

ることで成功している2つのパターンすなわち引き出しに分かれていたなんていうのが自然である。

これが、リアルなカード式の情報整理術や、スマホを使ったデータベース化ではうまくいかない。たしかに、記憶容量には限界がないようなものだから、どんどん、細分化していけばいいともいえるけれど、それでは最初にいったように、情報の整理、蓄積はできても、その量が膨大で、分類が複雑であるために、活用がしにくい。情報の更新もままならなくなる。結局活用もできないグルメ情報や仕事の情報に、なんの意味があるだろうか。

その点、人間の頭脳はよくできている。容量には限界があるから、エスニックという引き出しやフォルダができた、あるいはそれが増殖し始めた段階で、あまり関心のなくなったジャンルの情報はひと括りにされて、必要に応じて記憶の淘汰が始まる。

それでいいはずだ。

ただ、それだけでは記憶できることに限界があるので、リアルの情報整理も活用する。

しかし、そこにもやはり、独自性が必要だ。

情報は整理しないで放っておく

たとえば新聞や雑誌を読む場合は、私は気になった記事などの部分を破いてしまう。昔はハサミやカッターで丁寧に切り取っていたのだが、最近はそれも面倒くさくなって破いてしまう。破いたものをどうするかというと、透明なビニール袋に入れる。

これは、山根一眞氏が考案した山根式袋ファイルや、野口悠紀雄氏の「超」整理法などにヒントを得て、私が長年実践してきた方法だ。

袋はどこの文房具屋でも売っているＡ４判の入るＡ４Ｌという大きさのものを重宝している。その袋をいくつか用意しておき、たとえば「リーダーシップ」などと、テーマを書いたシールを貼っておくわけだ。そのテーマは引き出しと同じで大雑把なほうがいい。あまりに詳細なタイトルにして、袋の数をやたらと増やしても意味がない。そして、その袋に、新聞や雑誌の切り抜きなどを入れていく。メモでも切り抜きでも、パワーポイントやワードで書かれた書類でも、とにかく突っ込んでしまう。私はあまりやらないが、気になって調べたサイト情報をプリントアウトしたとすれば、それも同じく放り込んでおく。

その分類は、それほど厳密である必要はない。ルールも厳密ではない。その時々で興味をもったテーマを選び、袋を用意して、投げ込んでおく。それだけだ。「しまう」とか、「入れる」よりも、「投げ込む」というイメージが一番近い。ここでいうテーマもまた、問題意識、あるいは関心領域と思ってもらっていい。

あとは放置して、熟成を待つ。そして折にふれて、この袋ファイルを見直す。そのときに、これは使える情報だと思ったものは、袋ファイルから昇格させる。ちゃんと背見出しをつけて少し立派なファイル（これを袋ファイルと区別するためにバインダーと呼ぶ）に綴じて書棚に並べるのだ。では残った袋ファイルの中身はもう必要ないから捨てるのかというと、そういうわけではない。2段階分類の1段目。いわばダムのようなものだ。

この袋ファイルやバインダーの使い方も、頭の中の引き出しのフォルダと同じだ。頭の中の引き出しを補強するものだと思ってもらってもいい。しかし、確実にリンクしているわけではない。

たとえば今度、ある経営者とお会いして話をしなければいけない。あるいは、なにか「リーダーシップ」に関する取材を受けることになった。リーダーシップをテーマに講演をする必要があるといった場合に、こちらも活用する。もちろん、会話の途中や講演の途中で引っかき回すことはできないから、こちらは事前準備に限られる。

そんなときに、まず頭の中の関連する引き出しを引っかき回す。それで話のネタを思い出してから「たしか、リーダーシップのバインダーまたは袋ファイルがあったな」と思い出して、そのバインダーや袋を開けて、中身を見てみるわけだ。

特に袋ファイルのほうは整理もされていないし、ちょっと興味を引いたものが突っ込んであるだけだから、正直にいって、大半は使えない。それでも、なにかと参考になる情報や話のネタが入っていることもある。バインダーのほうは、もう少し確度が高いはずだ。

引き出しと袋ファイル、あるいはバインダーのテーマは必ずしも統一されてはいないと述べたが、同じ時期に同じ人間がつくっているものだから、頭の中の引き出しと同じテーマの袋ファイルが見つかる可能性は高い。

時が情報を熟成させる

この袋ファイルや20の引き出しは、ワインと同じだと思っている。もちろん、飲めるわけではないが、熟成させることに意味がある。だから頭の中でも、あるいは袋ファイルの中でも情報は基本的には放っておく。頭の中にレ点を打った後は、仮想の引き出しにしまう、あるいは現実の袋ファイルにしまう。それだけで、あとは意識の上から忘れてしまう。それでいい。

それで後日、なにかに際して、具体的な目的ができたり、形にしたいテーマが浮かんだときに、頭の中をサーチする、袋の中もサーチする。検索して、関連する場所をのぞいてみる。

私の場合は講演ネタをさがすとか、前述したように誰かと話す際に、相手に印象づける、相手を説得するときにこれらの情報をよく使う。しかし、そのきっかけや経緯はいろいろだ。さがしたい内容が具体的で明確な場合もあるし、たしかなにかあったような気がするという程度でさがし始めるときもある。さがしている最中で、そういえば「サーバントリーダーシップに関する論文があったな」と思い出すこともあれば、実際にその論文を目にして、「これは使える」と気がつく場合もある。

あるいは前述したように、袋ファイルの中身は折にふれて見直してみて、これは使えるという情報はバインダーに綴じて書棚に並べる。バインダーに綴じられた情報は、いわば(自分にとっては)飲みごろに熟成し始めた情報なわけだ。

そこはいろいろなタイミングや方法があっていい。それが熟成の意味だ。熟成の結果、もう飲めない(古くて使えない)ものもあれば、飲みごろの(使い勝手のいい)ものもあり、まだ若くて飲みにくい(今のところ使い道のない)ものもあるというわけだ。そういう意味では、バインダーはデキャンタかもしれない。

ただ、バインダーに綴じる基準は、私の場合、必ずしも目下の仕事に役立つかどうかではない。あくまでも、自分が関心をもつか、興味をかきたてられるかどうかという基準が重要だ。

ムダなように見えるこうしたバインダーのテーマや頭の中の引き出しのテーマ、そこに蓄えられた情報は、これは経験上いえることだが、ビジネスで直面した課題の解決策を考える際にも、大いに役立つものなのだ。別に話のネタになるだけではない。

上司からある課題を与えられて、その課題に対する具体的な解決策を練る必要があるのであれば、もっと直接的な調査や勉強をしたほうがいいだろう。しかし、課題そのものを考える、よりよい方向にビジネスを導くためにアイデアが欲しい、新しいビジネスモデルや企画を考えるといった場合には、こうした情報整理・熟成術が効果的だ。

周りを見回してみてほしい。「あの人はおもしろいアイデアをたくさんもっている」といわれるような人は、頭の中にその人なりの充実した引き出しをもっている場合が多いのだ。その証拠に、彼らはものすごく努力して、莫大なファイルを引っかき回したり、ひとつのことに長けているのではなく、なんであれ、気楽にいいアイデアを出しているように見えるのではないだろうか。

私は仮説を立てることの重要性を説いているが、仮説を立てる際にも、ひらめきは重要な要素となる。そうしたひらめきとは、一見すると仕事には役立ちそうもない情報が発酵して、あるいは熟成してスパークするものなのだ。

デザイナーの奥山清行氏の言葉を紹介しよう。これは以前、テレビ東京の番組『カンブリア宮殿』で聞いた話だ。

彼は、イタリアの超一流のデザイン工房「ピニンファリーナ」のデザイナーとして活躍し、フェラーリのフラッグシップモデルをデザインしたことで知られる人だ。彼は「仕事の依頼が来てからデザインを考えるようでは遅い。仕事が来てから浮かぶアイデアにろくなものはない。仕事が来るか来ないかわからない段階からアイデアというものは常に考えておくものだ。それだけの準備があって、はじめて仕事に活かすことができるので、そのためには引き出しにできるだけたくさんためておくことが重要だ」という。

もっともだ。私の20の引き出しに通じる考えだが、彼の場合は毎日100のアイデアを出すことを自分に課しているというから驚く。

右脳で切り取る景色

重要なことは好奇心旺盛であることだ。コンサルタントもそうだが、マーケターやプランナーも好奇心旺盛だ。「仕事だから」というのではなく、なんであれ好奇心をもつ。その上で優劣をつけて、大事にする情報とそうでない情報を区別していく。

さらに雑学の重要性も知っている。だから、その優劣は余人には理解できない基準でつけられることが多い。自分が興味をもつかどうかだから、それは仕方がない。

マーケターは、常に周囲に目を配っている。だから、電車の中であれ、街中であれ、貴重な情報を時として入手することができる。

「ただ、頭の中にレ点を打て」といってきたが、それをもう少し楽しく、かつ効果的に行なうためには、道具を持ち歩き、駆使することも有効である。

まずはカメラだ。最近はSNS（ソーシャル・ネットワーキング・サービス）に写真をアップする人が多くなり、スマホのカメラで街中やさまざまなイベント会場で皆が写真を撮るようになってきた。

私自身も興味あるものを切り取るために、スマホで写真を撮る。街で目を引いたものを、かなり頻繁に撮影している。電車の中吊り広告を撮ることもある。そして時には撮った写真を自分のブログで紹介することもある。たとえば店先で見かけたＳｕｉｃａのペンギンの人形を撮影して、こんなところでも電子マネーが使えるようになったと書いたこともあった。

もっとも、写真はブログに載せるために撮るわけではない。そのものをスマホのディスプレイに収めてシャッターを切ることで、インデクシングできるという効果がある。手を動かすことで記憶に残るのと同じ効果である。そのデータをパソコンに収めておけば、それだけで袋ファイルと同じ効能がある。デジタルを活用しているが、発想そのもの、撮影という行為そのものはきわめてアナログだ。

もうひとつ、そうやって自分で撮影したものを眺めてみると気づくことがある。一体、自分がなにに興味をもっているのかということだ。

マーケターなどは好奇心旺盛だと書いた。たしかに彼らは貪欲なのだが、そこには自分の興味という基準、フィルターが存在するわけだ。

私は仕事ではなく、生活者として撮影をしているのだが、単なる生活者ではなく、マーケティングや経営戦略という視点に引っかかりながら（つまり、問題意識をもちながら）街も見ているということが自分の撮影した写真からもわかる。

人間誰しもそういう引っかかりがあるものだ。はじめてデジカメを持ち歩くようになった頃などは、それこそなんでもかんでも、幅広く撮影する時期というものもあったが、それはそのうち落ち着く。そこから自分の目線というものが安定してくる。そうでないと、街を歩いているだけでも、先に進めない。フィルタリングして情報を選択しなければ、クルマに轢かれてしまうから、気をつけたい。

そうした自分が興味あるカテゴリーを特定するのは果たして左脳だろうか、右脳だろうか。

日常生活では、明らかに右脳で決めている。もしかしたら仕事では、それこそ意識して左脳で計画的に決めることが多いのかもしれない。しかし、私としては、そこも右脳で決めることをお勧めしたい。目下の仕事という見方ではなく、もっと幅広いカテゴリーの中で、無理なく続けられる、つまり興味のある領域を選ぶのがいい。そのほうが、アイデアも幅広い可能性の中からひらめくことができる。

もうひとつ、市場や顧客から乖離することなく、自分も生活者のひとりとして、それこそ顧客視点で物事を見る視野を養えるように思う。

さらにいえば、左脳でそのカテゴリーを決めている限り、他人と同じ発想しかできない。差別化した、それこそユニークな発想をしたければ、右脳でそのカテゴリーを決めるべきなのだ。

そんなふうに、右脳こそがクリエイティビティの源だと私は思っている。

いずれにしても、

「思い出せないアイデアは、大したアイデアではない」

「調べられないことは、仕方がない」


というふうに割り切る。人生でも、仕事でも、それが大事なことだと思っている。

さまざまなグッズの利用も、細大漏らさず記憶して……などという考えではなく、私にとっては効果的なインデクシングができるということが大事なのだ。

第4章

アイデアを生み育てるアナログ思考

右脳思考を鍛える

なぜアナログがデジタルに勝るのか

私がはじめてパソコンに触れたのは、１９７９年頃だ。パソコンという言葉よりも、マイコンという言葉で呼ばれていたような時期から、コンピュータに触れてきた人間だ。大学でもコンピュータを専攻していたし、仕事ではＩＴコンサルティングも行なってきた人間だから、ＩＴについても、デジタルについても、人並み以上にリテラシー（知識と経験）があると自負している。

それにもかかわらず、アナログにもっとこだわるべきだと言い続けているし、私自身、ここ20年以上というもの、アナログ発想にこだわっている。

情報は収集し、分析・加工し、発信するものだ。その各段階で、デジタルとアナログ両方の方法がある。

ここでいうデジタルとはＰＣなどのデジタル機器を使った情報処理のことで、具体的にはインターネットやデータベースによる情報検索・収集、エクセルや統計ソフトなどを使ったデータ分析・加工、パワーポイントを使ったプレゼンやＳＮＳ（ソーシャル・ネッ

図表4-1　デジタルとアナログを交ぜて使う

	デジタル	アナログ
収集	●グーグル ●商用データベース など	●自分の体験 ●人から聞いた話
分析・加工	●エクセル、ワード など	●自分の手足を使う （文房具、ファイルなどの活用）
発信	●パワーポイント ●ブログ、SNS	●直接対話 ●電話 ●口頭でのプレゼンテーション

ここをアナログにするのが一番効果的（収集）

トワーキング・サービス）などによる情報発信を指す。

一方で、アナログとは紙媒体・会話・電話などによる非デジタル情報処理をいう。具体的には自分で見聞きした一次情報による情報収集、自分の手足を使った文章作成などの分析・加工、対話や口頭によるプレゼンなどの情報発信を指す（図表4－1）。

できるだけ斬新なアイデアを出して、人を説得したり、魅了したりしたければ、全部の段階でアナログ主体にするほうがいいとすら私は思っている。というのも、出てきた情報・アイデア・課題などを整理するのにPCは大変役に立つが、いくらPCを使ったからといって、まったく新しいアイデアが生まれてくることはほとんどない。もっとも、多くの場合は、限られた時間の中でアイデアを出して提案として形に仕上げていかなければいけないために、デジタルの手法も利用せざるを得ない。

しかし、最低どこかの段階だけはアナログの手法で行なうのがいい。分析・加工は最もデジタルが利用できる段階であるから、どこがいいかといえば、

発信や収集。中でも収集をアナログで行なうのがやはり一番いい

と思う。もちろん、収集にインターネットなどデジタルツールを使用してはいけないというのではない。これまでにも説明してきたように、データベース検索などは私も行なう。ただ、そこからなんか新しいアイデアやひらめきが生まれるとは期待しないことだ。最初はネット検索を活用して基礎情報を揃えたとしても、その後に関連情報にくわしい人に話を聞くなどして情報を補完することをお勧めしたいのだ。

第一の理由は、前述したように、アナログであればあるほど、その情報は独自情報性を高めるからだ。そうであれば、多少、分析や加工が下手であっても、内容だけで勝負でき

る可能性が高いし、また定量分析や加工よりも、独自の発想を得やすいというメリットがある。

第二の理由は、前述したように、検索のための短いキーワードによるネット検索では、思考がスパークしにくいということだ。すでに自分の頭の中に、たくさんの情報やデータが入っていて（引き出しがあって）、仮説も思い浮かんでいて、そこに新たな情報がぶつかることで、思考がスパークして、なにかがひらめくということが多い。しかし、そこでもともと頭の中に自分だけの情報や差別化された仮説がなければ、新たな情報が入ってきても、スパークは起こらない。ネット検索だけでは、人間はクリエイティブにはなれないというのはそういうことだ。

コンサルタントやジャーナリストをはじめ、ビジネス分野でプロフェッショナルと呼ばれる人たちは、デジタルツールも十分に活用するものの、できるだけアナログの手法を駆使して、差別化された視点で情報を集め、分析し、発想している。そうすることで、たとえもともとの情報が独自情報ではないとしても、その情報に大きな付加価値をつけているのだ。

デジタルツールを活用して情報を収集したり、加工したり、あるいは発信する部分は部下やスタッフに任せ、自分はアナログにこだわり、差別化された情報を集め、ユニークなアイデアをひねり出し、類まれなプレゼンを行なうなどという場合も多い。

ちなみに、デジタルに依存してしまう場合の弊害がもうひとつある。

それは、「仕事をした気になってしまう」症候群だ。膨大な情報をサーチして、誰もが知り得る情報を切り貼りして、かっこうよく見栄えよく体裁を整えて、それなりの資料や提案書をつくることが、デジタルツールによって可能になる。しかし、それでいくら見栄えのいい資料や提案書ができたとしても、内容が伴わなければ、人を説得したり、感動させたりすることはできない。ところが、デジタル中心で仕事を進めていくと、それなりに仕事を成し遂げて、ある程度の成果を出したような気になってしまう。これがいけない。こういう偏った方法では、かえって斬新なアイデアというものが封印されてしまう。

私の場合は、最後の段階まで情報はアナログのままで扱っていく。特に**経営者を相手にプレゼンを行なう場合は、最後までアナログのままのほうが、むしろインパクトがあって、効果的だ**。そうでなくとも、プレゼンツールなどのデジタルツールを使うのは、最後の段階だ。

そのために、情報収集の最初から、プレゼンまで、自分の感性を信じて、その感性を遊ばせるのがいい。そのためには、型にはまりがちなデジタルの手法よりも、自由気ままなアナログの手法のほうがいいのだ。

だから、私はビジネスパーソンが必ず読むべき本や雑誌もなければ、見るべきテレビも、会うべき人というものもいないと信じている。つまり、そんな決まりはないわけだ。そうやって型にはめればはめるほど、そこで得られた情報や発想には付加価値が乏しいと思ったほうがいい。

読むべき書籍や雑誌があるとすれば、感性の赴くままに、目にとまったものを読めばいい。会いたい人に会えばいい。なんであれ、杓子定規に決めつけることが一番いけないと私は思っている。

キャプテンの唇

ここでは、アナログ的なひらめきの方法論をいくつか紹介しよう。

ひとつは新聞・雑誌・本などを読んで、あっこれは使えると思うケースである。2つ目は人の話を聞いたときに、そのままあるいは自分なりに解釈して使わせてもらうケースである。３つ目は人と話していて、突然ひらめくケースである。これ以外に、自分ひとりで考えてスパークするケースもあるが、それは後段で別途紹介する。

まず1番目は、読んでいてひらめくケースである。

ずいぶん前になるがミニコンピュータ会社のデータゼネラルの創業者の伝記を読んだことがある。その中に、リーダーを育てるための方法論として大変参考になる話が載っていた。それは、船の船長（キャプテン）が若い航海士をキャプテンに育て上げるときの話だ。航海中にどうやって育てるかという話なのだが、当たり前であるが大海原《おおうなばら》で風も波もない中で舵取りをいくら任せてもよいキャプテンには育たない。嵐の中や浅瀬や岩場の続く中での舵取りを任せて、実際に痛い目にあわせることではじめて成長させることができるという。ここまではそうだろうなという話である。

おもしろいのはその先である。実際に嵐の中で舵取りを任せると経験不足の若い航海士は危なくてとても見ていられない操船を行なってしまう。その際、つい「それではダメだから、こうしろ」とか、「そこをどけ、俺がやってみせる」と口を出してしまうそうだ。

これもありそうな話だ。しかし、本当にその航海士を育てたいと思ったら、口を出す代わりに自分の唇を血がにじむくらいかみしめて我慢すべきだと書いてあった。なるほどなと思った。というのも、任せて放っておけば船が難破してしまうかもしれない、しかしその難所を実際に経験させなければ彼は育たないのである。となるとどこまで我慢できるのかというキャプテンの肝っ玉が問われることになる。

この話からの学びは、本当にリーダーを育てようと思ったら、ある程度失敗には目をつむっていろいろな経験をさせないとリーダーは育たない、逆にいえば育てられる側の責任・能力ではなく育てる側の力量が問われるという話だ。

このたとえ話は経営者に自分の後継者を育てるための心得を語ったり、優秀な部長になぜあなたの部下が育たないのかという話をするときによく引用する。

これも日頃から、リーダーはどうやって育てたらいいのか、あるいはなぜ育たないのかという問題意識や、過去にいろいろな経営者からリーダー育成にまつわる成功談や失敗談を聞いているから、スパークが起こったのである。

これは「キャプテンの唇」というラベルを貼って、リーダーシップの引き出しの中に入れてある。

並列列挙

2つ目は、人の話を聞いていたときに、それいただいたという類の話である。対話から生まれるものもあれば、講演などから生まれる場合もある。要するに人からもらったネタである。

以前、韓国のソウルで日本マーケティング協会のエグゼクティブセミナーがあったときに、神戸大学の加護野忠男先生が講師をしてくれた。その際に彼の語った「並列列挙」という話が印象に残っている。

加護野先生によれば、野球で、次に打席に立つバッターに「今日のピッチャーは直球が走っているぞ、それにカーブもよく曲がるし、シュートも切れている。だから気をつけろ」とアドバイスする監督がいるが、そんなものはバッターとしてはいわれても困るだけでなんの役にも立たないという。要するにアクションプランにつながらないからだ。

このようにものをしっかり考えていないために、あれもこれもと並列に言い立てる、自然体の監督のことを並列列挙型と呼ぶそうだ。

これに対して戦略型の監督は、たとえば「直球は走っているから捨てて、変化球を狙っていけ」というような具体的なアドバイス、すなわちムダにするもの、あるいは捨てるものを教えてくれるのが役に立つといっている。納得いく話である。

同じような話であるが、ボストン コンサルティング グループ（ＢＣＧ）の先輩コンサルタントの島田隆さんから教わった言葉に「戦略とは捨てることなり」という話がある。ＢＣＧに入りたての頃で、戦略の要諦をとても簡単に語った言葉として印象に残っている。もとは誰かアメリカのえらい人の言葉らしいが、私には島田さんの言葉として記憶にとどめられている。

コンサルタントは戦略・戦略と軽々しくいうが、新しい戦略・提案は極端にいえば誰にでも考えることができる。しかし、企業にとって本当に大事なことは、やらないこと（事業・商品・仕事の仕方・取引先・研究など……）を決めることで、これが実は難しいという話だ。当時の私はなんでもかんでも、分析したり、新しいことを考えることが得意だったので、この話は新鮮であると同時に、非常に腑に落ちた記憶がある。

コンサルタントではなく経営者になれば、さらに捨てる意思決定というのは難しくなる。というのも経営者ともなるとその事業や商品に対する思い入れが生じる、あるいはそれに従事する人の顔が頭に浮かんでなかなかやめる決断ができないものだ。

加護野先生のこの話は、単独でも大変おもしろい話であるし、戦略の要諦を語るたとえ話としても使える。ということで、私はこの「並列列挙」という言葉を、コピーライトは加護野先生という前提で私の20の引き出しに入れている。

このように人の話を聞いたときに、おもしろいなと思ったら、それをまず脳の中でチェックし、次に「これはなんに使える話かな」とか、「ほかに同じような話がないかな」と考えるわけである。

キラーパス型人材

3番目の方法は、人との対話から生まれるひらめきである。これはもちろん自分の側に問題意識があることが前提となる。というのも、相手はあなたのためにスパークさせてやろうと思って話しているわけではなく、自分の思うところを話しているだけだからである。

例を紹介しよう。

少し前に友人と話をしていて、サッカー選手のタイプと企業の人材の話になった。ちなみに私はＪリーグの清水エスパルスのファンクラブに入っているくらい、サッカーが好きである。

サッカー日本代表には確実なパス回しをして、徐々に敵陣に攻め込んで最後にシュートまでもっていくタイプが多い。なぜかといえば、そういうスタイルを教えているからだ。

このパス回し型の特徴は、誰がなにをやるかを全員がわかっている点にある。具体的にいえば、味方の誰から見ても次はどこへパスが行くのかわかりやすい。仕事でいえば、次の仕事が見えるのでこちらも準備しておけるために一緒に仕事がやりやすいし、間違いが少ない。

一方で、このタイプの欠点は、相手から次の手を読まれてしまうために守られやすく、最後の点を取るところが大変難しいことにある。確実であるが意外性がないということになる。

このパス回し型の逆といえるのが、キラーパス型である。通れば一発逆転もあり得るきわどいパスを回して、うまくいけば敵の裏をかいてシュート＆得点で終わるが、キラーパスが通らず失敗すると敵にボールを奪われて逆襲を受け大ピンチとなる。というのも、キラーパスをカットされるとこちらは攻撃態勢のままで防御の準備ができていないので、敵の攻撃を防ぐのがきわめて難しい。いわゆるカウンター攻撃を受けるのである。

このタイプの問題点は、単にパスが通りにくいだけでなく、時には味方ですらそのパスを予測できない点にある。したがって、仲間としても非常に扱いが難しい。イタリアのセリエAで活躍した、元・日本代表の中田英寿などがそのタイプだった。

翻って、企業のことを考えてみても、こうしたキラーパス型の人材がたまにいるよねという話になったわけだ。一発大逆転の大型商談を仕掛けたり、当たれば大きい商品をひとりで企画したり、ときには他人の理解を得られないまま仕掛ける人のことだ。意外性があって、当たれば大きいが、失敗した場合のリスクも高いことが多く、普通の組織では自分勝手な奴として嫌われることも多い。

「もしかしたら、あなたの周りにいる一見身勝手で予想外の行動ばかりして、みんなから嫌われている人間も実は中田英寿みたいなキラーパス型の人材かもしれませんよ。そういう能力のある人材を活用できないあなたの会社からは、新しいことが生まれてこないのも当たり前です」といった使い方ができる。

これなどは、サッカーの話だったのが、途中から企業の人材活用の話に転化している。議論している両者がサッカーと企業経営に興味があったから、なしえたことかもしれない。

この話を発展させると、もしチーム全員がキラーパス型だったらかえって困るので、大半がパス回し型の中に一人や二人、キラーパス型がいるのが理想だねというのが結論になるのかもしれない、といった具合に議論が先へ先へと進む可能性がある。

他人をリトマス試験紙にして、アイデアを育てる

それでは次に、ひらめいたアイデアを育てるためには、どうすればいいのだろうか。

粗削りのアイデアが浮かんだら、それをとにかく誰かにぶつけてみることが必要だ。「こんなことを考えてみたのだけど、どう思う？」と、まだ自分の中で整理できていなくてもいい、まとまりがなくていい、一皮むけてなくとも、こなれてなくてもいいから、相手にぶつけて、素直な相手の反応を見る。

まず、相手は誰でもいいのだが、真摯に受け止めて、反応を返してくれる人がいい。

最初は、家族でも同僚でもいいだろう。友達でももちろんいい。

「なんだか、おもしろいね」

「よく理解できない」

「この部分がよくわからない」

といった、相手の反応で、アイデアが磨かれる。ダメならダメで、早くわかる。あるいは、さらなるスパークが起こるかもしれない。そのスパークは、自分の中で起こる場合もあれば、相手に起こる場合もある。あるいは掛け合いの中から生まれることもある。

「ポン！」と発想が飛ぶ瞬間だ。この瞬間を経験すると、病みつきになる。それほど、快感を味わうことができる。まさに知的快感だ。

第1章でも、スパーク＝ひらめいた事例を紹介したが、自分ひとりでひらめく場合もあれば、小口化のように人とのディスカッションから生まれるスパークもある。一般的には、仲間やお客さんとのディスカッションの中でそうしたスパークは起こりやすいものだ。

だから私は、最初のアイデアを誰彼ともなくぶつけてみることにしている。

そのアイデアが、目下の仕事に関係することである場合は、私ならば、会議でたまたま自分の隣に座った人にぶつけるときもあれば、同じプロジェクトで苦労しているメンバーにぶつけるときもあれば、全然関係ない人にぶつけるときもある。それは状況によりさまざまだ。

その段階では、特定のレスポンスを期待しているというわけではない。ただ、聞いてもらって、反応を見たいと思っているだけだ。だから、誰でもいいといえば、誰でもいい。

私はよくこういう言い方をする。

「他人をリトマス試験紙に使え」と。

人間は他人の言動に対しては、なんらかの反応を示す。それは喜怒哀楽の表現かもしれないし、無意識にうなずいたり、賛同したり、反論したりするかもしれない。

だから、まだアイデアが粗削りの段階では、相手は誰でもいい。もちろん、業界事情など、知識の背景が必要な場合は、それを知っているといった条件が加わるが、専門知識が必要のない、わかりやすいアイデアの場合は、それこそ友達でも家族でもいいわけだ。友達や家族のほうが、素直に思ったことをいってくれる分、いいリトマス試験紙ということもできる。

そのアイデアが不出来であった場合のリスクも少ないはずだ。

そこで、「受ける」「受けない」の判断をする。全体としての評価だけでなく、どこがいいか、どこがダメかも判断する。

もちろん、誰に受けたか、受けなかったかも情報になる。そうした意味では、ぶつける相手は複数のほうがいい。欲をいえば、その商品なりサービスのターゲットの人がいいことは間違いない。

そうやってアイデアを育てていくわけだが、もう一度、他人をリトマス試験紙に使う段階がやってくる。それは、ある程度、自分の中で整理がついたアイデア、あるいはアイデア段階から企画骨子と呼べるものになってきた内容を検証したいと考えた場合だ。

そこまでアイデアが具体化した場合は、相手の立場や役職はさまざまでよいのだが、ただ、常識人に聞くのが安全だ。偏った発想をしない人だ。あまりに保守的でもいけないし、かといってあまりに斬新、革新的な人間もよくない。至極、一般的に判断する人がいい。ノーマルな判断が欲しいわけだ。

さらにいえば、アイデアを育てる方法であるから、真っ当に議論ができるかどうかが重要だ。そのアイデアを練り上げることにつき合ってくれる相手がいい。同時か別々かはどちらでもいいが、何人かの人間の反応を見るのがいい。もちろん、複数の人間でディスカッションする方法も効果的だ。

実際の企画のプレゼンであったり、実行計画の相談となると、同じプロジェクトメンバーでない限り、相手も身構えるし、もしかしたら面倒くさいと思ってしまうかもしれない。だから、あくまでもちょっと話を聞いてくれないかというスタンスが必要だ。

「いろいろと検討してみて、だいたいこういう結論になったのだけど、まだちょっと自信がないので、君がどう思うか意見を聞かせてほしい」では難しくても、「こんなこと思いついちゃったんだけど、ちょっと聞いてくれる?」ならばつき合ってくれるかもしれない。

自問自答も必要だが、実際に相手がいて掛け合いができるかどうかは、アイデアを練る上で重要なキーファクターといえる。

アイデアを磨く掛け合いには、また違った側面もある。

たとえば、私の場合、妻が常々私にこういう。ちなみに彼女は自分がごく普通の人間と思っている。

「私がわからなければ、他の人もわからないから、もし私にわかるように説明できたら、多分、大半の人にはわかるわ」

これはあながち間違いではない。だから、妻の意見は大変参考になる。わからないといわれたときは、内容を見直したり、説明の仕方を変えてみたりと調整する。話のもっていき方の練習にもなるが、それ以前に、わかりにくいアイデアは、多分ダメなアイデアだから、それを判断するのにいいリトマス試験紙になってくれている。

もうひとつ、私があえて選ぶリトマス試験紙がある。社内で、明らかに違う考え、意見をもっている人間を捕まえて、真剣勝負の論争を挑むといった方法だ。いわば、議論の喧嘩だ。そうやって内容を磨こうとするわけだ。

また、アイデアを磨くにはうってつけの手厳しい人間がいれば、その人間に自分のアイデアをぶつける、あるいはあえて専門家に自分のアイデアをぶつける。そうやって欠点を突いてもらって、これで本当に問題が解決するかを検証するという方法もある。

さらにいえば、常日頃から、スパークするためのかっこうの相手を見つけておくことをお勧めしたい。相手はそう思っていないようなのだが、私にはそういう人間がいる。その人間はものの見方が人とは違っている変わり者だ。だから、変わった反応をしたり、変わった意見をいう。したがって、私にとってはスパークしやすいのだ。彼が、触媒になってくれるので、彼と話をしていると、よくスパークする。だから私は、アイデアの初期段階で彼にぶつけてみることにしている。そういう相手を見つけておくことも必要だ。

ひとりでスパークする方法

ひとりでじっくり考えることも、もちろん重要だ。当然、私もよく考える。

そのときの頭の中のイメージは、頭の中の引き出しを引っかき回してさがすイメージだ。欲しい工具、たとえばドライバーを見つけるために道具箱をひっくり返す、そんな感じだ。

顧客から、「子会社の戦略を考えてほしい」とか、「こういう事業を考えたのだけど、うまくいくかどうか検証してみてほしい」といった依頼があるとする。そうしたときには、まずは下地になる情報や知識がないかどうか、頭の中をサーチする。この場合は、システマチックに、キーワードで、具体的な目的をもってサーチしていくわけである。現実の世界の本棚や、それこそ引き出しを順番に見ていくイメージだ。

それとは違って、引っかき回すというのは、なにか新しいアイデアが欲しいときとか、解決策をさがして考えているとき。なにかヒントはないか、なにか使える道具はないかと頭の中の引き出しを引っかき回す。本棚だとすると、ランダムに見ていって、これではない、これでもないと本を抜いては放り投げるイメージだ。リアルにそれをやれば、後で片づけなければいけないが、バーチャルのよさは、その必要がない点だろう。

頭の中のキーワード検索は、ネット検索に近く、要するに「検索」だ。しかし、新しくアイデアを生み出していくとか、あるアイデアを昇華させていく場合は、そうしたシステマチックなサーチはできない。繰り返しになるが、**ネット検索からアイデアが生まれてくることを期待してはいけない**。

「なにかないかな」と部屋の中を歩き回り、「この辺にあったんじゃないかな」と棚に顔を近づけて、実際に「これだ、これだ」と見つけることもあるのだけれど、それを見つけるまで自分がなにをさがしているのか実はわからない。それでも見つけることができる。

その瞬間がスパークする瞬間だ。

もっともここで部屋を歩き回るとか、道具箱をひっくり返すといったイメージを紹介したが、私の頭の中で、そうした場面が映像として浮かんでいるわけではない。頭の中で記憶を探る作業を表現してみようとすると、そんな言葉になるというだけのことだ。

さらに、思いついたなにかと、また別のなにかを組み合わせてみる。あるいは自然と組み合わされていく。「あの流行も、これで説明ができるのではないか?」とか、「これとあれは、要するに同じことなんじゃないか?」とか、「これとあれで、こういうことだということがわかる」などだ。これは、いってみればひらめきの連鎖であって、もう少しで大スパークが起きる前兆だ。

こうした組み合わせは、与えられた課題、解きたい問題があって、その問題意識と引き出しの中身がぶつかり合う場合もあれば、引き出しの中身同士が、なんらかのキーワードで結びついて、自分が欲しいものを生み出すという場合もある。統計データの分析と、現実社会における観察情報が重なることもある。

解きたい課題を、古い事例、現象で説明するというケースも少なくない。あえて説明しようとする場合もあるが、自然と思い当たることも多い。前述したアナロジー(類似事例)の活用である。

たとえばスマートフォンは、今では総務省の指導で料金体系が変わって、本体の値段が上がってきたが、かつての携帯電話時代には「1円ケータイ」と呼ばれるほど、電話機本体は非常に安く売られていた。イニシャルコストを下げて年間あるいは月々の使用料で費用を回収する、サブスクリプション方式である。なぜこんなに安く売ることができるのか説明するために、近い例を考えたことがある。そのときに思い浮かんだのがプリンターだ。パソコン用のプリンターは、結構まともなプリンターが1万円もしないで買えてしまう。

ところが消耗品であるインクカートリッジが高い。使用頻度が高ければ、1年でプリンターのハード代を上回ってしまう。

コピー機もそうだが、これらは購入時の製品代よりも、消耗品やメンテナンスの代金で儲けるビジネスになっている。携帯電話の場合は、消耗品の代わりに通話料で稼ぐところがプリンターとは違っているが、製品を安く売って後から継続的な課金で儲けるという点ではまったく同じビジネスモデルであることがわかる。

エレベータなども、エレベータを設置するための初期の料金よりも、メンテナンス料金が重要になる。そのため、独立系のメンテナンス事業者に契約を奪われないように、ネットワーク化の推進など、あの手この手で大手メーカーはグループ企業との契約を推し進めようと必死になっている。

こういう過去の事例を知っていると、目の前で起こっている事例についても「あれと似ている」と気づくことがある。

「最初の何回かをタダ同然の『お試し価格』にする」というビジネスモデルは、新聞のチラシや電車広告で宣伝されている。エステがそうだし、英会話教室などでも、最初の4、5回を無料にするところがある。そんなに無料にしたら損をしそうに思えるが、実際にはそれでも成り立っている。「イニシャルコストを下げる」ことで、お客を呼び込んで、継続的な課金で儲けるという点で、携帯電話、コピー、エレベータと同じだ。

デアゴスティーニ（DeAGOSTINI）はイタリアに本社を置く雑誌社だが、雑誌のほかにCDやDVDの大全集を出したり、日本ではプラモデルの大シリーズを出したりもしている。同社ではシリーズものの初回分については、たとえば2巻目以降が1500円のところを1巻目だけ290円というように、極端に安いお試し価格としている。

実はデアゴスティーニの長大なシリーズを初回から最終回まで制覇する人はほとんどいないという。ネットでもそれが話題になるほどだ。それでなぜ損を出さないでいられるかというと、同社がこれまでの経験から、第1回から第50回といった大シリーズの、回を追うごとの顧客数の減衰率を把握しているからなのだ。「第1回でこれぐらい出たら、2回目はこれぐらい、3回目はこれぐらい」という予測が正確にできるので、ムダにつくる、ムダに仕入れるということがない。だからほとんど最後まで続けられる人がいなくても、利益を計算できるのだという。

ネットビジネスの世界では、「フリーミアム・モデル」の広がりも目につく。フリーミアムとは、基本的なサービスを無料で提供し、より高度な機能や特別な機能についてのみ料金を徴収するビジネスモデルのことだ。先に名前をあげたエバーノート、ドロップボックス、Gmail、iCloudなどはいずれもこれにあたり、ほとんどの人が無料プランで使い、有料で使っているのは一部のヘビーユーザーだけ。それでもビジネスとして成り立っている。

たとえばドロップボックスは、昔は3GBまで無料だった。友達を紹介すると、無料のまま使える容量が少し増えたりした。ところが無料で使えたことで、気安く写真を撮って、友達同士で写真を共有したりすることが一般化し、その結果3GBでは足りなくなって、有料で使うユーザーが増えていった。

スマホゲームもほとんどの人は無料で楽しんでいる。学生であれ社会人であれ、課金までしてゲームをしている人はそれほどいない。一部のヘビーユーザーだけが、ゲームを有利に進めるために必要なアイテムやキャラクターを使うために課金している。大ヒットした「ポケモンGO」などもそうだ。こうしたオンラインサービスの世界では、だいたい利用者100人のうち、2、3人が課金してくれればビジネスが成り立つといわれている。

こうしたフリーミアム・ビジネスは一度システムを確立してしまえば追加コストがほとんどかからないオンラインサービスだから成り立つのであって、リアルの店舗ではそうはいかない。そば屋さんが100人のうち2、3人からしかお金をとらなかったら、商売はたちいかない。

そういう知識というか、情報を頭の中の引き出しや袋ファイルからさがしてくることができれば、「サプリメントや化粧品などはなぜあれほどまでに、無料サンプルが配れるのか」「ネットの世界にあれほど無料サービスが存在しているのはなぜか」という話題に、うんちく豊かに答えることができるわけだ。最近の例から古くから続いている例までを引き合いに出して、「先に損して、後で得取れ」みたいな話であることを説明できるわけである。

こうした情報のスパークは、説明のためのツールになるだけではない。そうした古い事例を参考にして、新しいビジネスモデルを考えるということもできるはずだ。

その際に、一々、詳細なビジネスモデルを覚えていようと思ってもつらいから、「プリンター屋さんとエレベータ屋さんは同じ」などというタイトルで覚えておけばそれでいい。それだけでもいいし、もし袋ファイルに仕組み図の1枚でも入っていれば、最高だろう。

いずれにしても、そうしたつながりがあれば、ちょっとした芋づる式に情報を連鎖させることもできる。一度そうしたスパークが起きれば、それは、「損して得取れ」のようなタイトルをつけたバインダーに入れられるかもしれない。もし自分の仕事に重要であれば、頭の中でひとつの引き出しを与えられるかもしれない。

アナロジーでわかりやすくする

アナロジーを使ったスパークの例をもうひとつ紹介しよう。

2000年の初頭に、『企業経営』という冊子に、「eコマースの本質は消費者主権主義」というタイトルの小論文を書いたことがある。

当時、インターネットが普及することで、最も変わることはなにかということを考えていた。まさに問題意識である。そして、もしかしたらインターネットの本質は、情報格差の解消ではないかと思うに至った。なぜならば、インターネットに接続することで、誰でも簡単に情報にアクセスすることができる。それまでは、政府や大企業、あるいは大学など、権力・権威をもった組織に情報が偏在していて、消費者個人・零細企業といった一般大衆は多くの情報に簡単にアクセスなどできなかった。それが変わった。

インターネット普及以前は大企業であれば、海外の企業と取引しようとしたときに、つき合いのある商社、取引銀行、あるいは調査会社などを通して海外の企業に渡りをつけてもらったり、市場規模がどれくらいあって、どんな市場構造になっているかなどを調べることができた。一方で個人や零細企業が海外の企業と直接コンタクトをとってビジネスをすることなど想像を絶するほど大変なことであった。どこかに頼むにも、伝手もないであろうし、あってもそこで要求されるコストは莫大なものであったはずだ。

ところがインターネットが普及したおかげで、消費者個人でも零細企業でも、グーグルやヤフーといったポータルサイトを活用すれば、英語ができるなど、多少の条件はあるものの、たとえばアメリカにどんな会社があるか、その企業がどんな業績でどのような経営を行なっているのか、さらには取引先からどう見られているかまでほぼ無料で比較的簡単に調べることができる。情報格差は極限まで縮まったわけである。

消費者主権主義とは、つまりそのように、消費者個人や零細企業に情報活動の主役が移ったことをも意味する。

このときにもアナロジーをさがした。今では多くの人が理解しているインターネットの本質であるこうした考え方が、当時は画期的なものであったために、たとえ話があったほうが理解してもらいやすいだろうと考えた。だからアナロジーは重要だった。そこで思いついたのがフランス革命だった。

フランス革命まで、富と権力は王族、貴族、聖職者に集中していた。それを市民が奪い取ったのがフランス革命だ。それと同じように、インターネットの普及により情報の主権が政府や大企業から、一般市民や中小企業に移ったという点でまさに情報革命である。いささかこじつけではあるのだが、わかりやすいたとえのはずだ。

そのように消費者に主権が移ることで、ビジネスというもののあり様が変わる。企業の立ち位置も明らかに変わる。それまではバリューチェーンの川上に企業がいて、流通経路を通って川下に消費者がいた。企業は、サプライチェーンマネジメントとして、いかに効率よく商品を川上から川下に流すかを考えればよかった。そのためのマーケティングの手法として4P論が全盛を極めたのだ。それがガラッと変わる。川上が消費者側に、企業は川下に位置するようにすらなるのだ。まさにこれはパラダイム・チェンジだ。というように議論は進んでいった。これもフランス革命の結果、世の中がどのように変わっていったかという過去の事例を念頭に置いて考えていったのである。

ところがそれから20年近くを経て、最近はまた様相が変わってきた。一度は縮まったと思われた消費者と大企業の情報格差が、新たな形で問題になってきたのだ。GAFA(グーグル、アマゾン、フェイスブック、アップル)を筆頭とする一部のネット上の巨大プラットフォームが、自社の顧客のデータを集め、それを利用してビジネスを始めたのである。顧客のデータを集めて自社の経営に役立てるところまではいいとして、それを他社に売って儲けたり、集めたデータを使ってなんかビジネスができないか研究したりしている。そうした動きが一般市民の反感を買い、欧州連合(EU)の「一般データ保護規則(GDPR)」制定につながった。

膨大な顧客データを集めているグーグル、アマゾン、フェイスブック、アップルはいずれもアメリカ企業だ。ヨーロッパでは「自分たちの個人情報をアメリカ企業が集めて、それで儲けたりすることは絶対に許さない」という姿勢で、個人情報の保護に積極的である。

一方のアメリカでは顧客データの利用について、これまでは比較的寛容だった。しかし、ここにきてヨーロッパと同様に市民の反感が高まっている。たとえば顔認証技術だ。アメリカの空港ではテロ防止のため、危険人物をAI(人工知能)による顔認証で特定するシステムを導入してきた。これを公共交通全般に広げていこうという動きもあったのだが、サンフランシスコでは議会が条例で公共機関による顔認証技術の使用を禁止してしまった。

こうした流れには、ひとつには中国の影響があるだろう。中国は国民の個人データを国家が管理し、顔認証も大々的に導入して、少数民族の独立運動の抑圧など、国民の監視に使っている。そのことが知られるようになり、そんなものが世界中に広がったら、個人の自由が失われたSF的ディストピア（反ユートピア）が現実になりかねないという懸念が、先進国の間で共有されるようになった。

日本でも2013年にJR東日本がSuicaの情報の販売を始め、それを日立製作所が購入して、大騒ぎになったことがある。JR東日本からはIDに紐づけられた個人の情報を出すことは一切ないので、専門的な見地から見ると個人情報の漏洩には当たらないのだが、ネットやマスコミの批判は止まらなかった。

日本では顧客データ＝プライバシーということになってしまっていて、顧客データの利用や外販に関して消費者は過敏に反応するため、企業も利用に消極的だ。おかげでデータ利用という点では世界の動きから周回遅れになっている。少なくとも日本企業で顧客データを外部に販売して儲けている企業の話は聞いたことがない。

見出しとは刷り込みである

情報は、覚えようとするから忘れてしまうと私は思っている。だから、覚えても仕方がない。さらにいえば、無理に情報を整理しようとするから、後でむしろ使えなくなってしまう。だから、整理しても仕方がない。

ところが、そこでやめてしまうと本当になにも起きないで終わってしまう。そうではなくて、気になった情報は必ず、なんらかの方法で「印をつける（チェックする）」と述べた。そのチェックが度重なると、その情報は重要なもの、興味深いものとして表層に意識されて、ファイリングされる。あるいはすぐにも使われることになる。程度の強い「チェック」は、刷り込みといってもいいかもしれない。一度刷り込まれれば、ある程度の期間は忘れないでいられる。

たとえば、タクシーに乗っていて、近くにある行列のできる有名なラーメン店の話を聞いたとする。しかしクルマの行き先を変更してまで行ってみることはしないだろうし、ラーメンが特に好きでもなければ、多分、覚えようともせずに忘れてしまう。しかし、あるときに自分のクルマでその前を通りかかったら、すごい数の人間が行列をつくっていたとする。そのイメージは強烈なので、そもそも興味のない行列のできるラーメン店の存在が刷り込まれてしまう。家に帰ったら、家族に話すかもしれない。それで覚えてしまう。

もしこの情報が仕事に関係するとすれば、これだけでは価値のあるユニークな情報とはならない。実際に並んでみて、食べてみる。並んでいる人に話を聞いてみる。できれば店主に取材するなどして得た独自情報が必要になる。

通勤で毎日歩く道すがらには、しっかりと覚えている店やランドマークもあれば、何度その前を通ってもまったく見えていない、もちろん記憶にも残らない店やランドマークもある。たとえばある人にとって、何千回もその前を通っている「手芸店」は存在しない。そういうことはたくさんある。

ところがなんらかの理由で、いったん、その店を意識する、つまりインデクシングすると、その手芸店は突然目の前に現れて、その後も存在し続けるようになる。なんらかの理由とは、どこかで手芸についての話題に接したのかもしれない。奥さんと連れだって歩いているときに、奥さんがその手芸店で買い物をしたのかもしれない。息子の気になる子が、その店の娘さんなのかもしれない。いろいろなきっかけが考えられようが、いずれにしても、あるきっかけでその存在が頭の中でインデクシングされる。

日常生活では自然と、そして頻繁に行なわれているこのインデクシングという作業を、仕事のことも考えて、少しだけでも意識してやるようになるだけで、あなたのもっている情報は見違えるほど有益なものになり、スパークして、いいアイデアがひらめく確率は非常に高くなるはずなのだ。

問題意識にタイトルをつける

もうひとつ、付け加えれば、引き出しの中のフォルダのラベル＝タイトルは重要だ。なぜ大事かというと、ありきたりの言葉だと思い出しにくいし、インデクシングになりにくい。先ほどの「プリンター屋さんとエレベータ屋さんは同じ」とか、「フェスの名人」みたいに、興味を引くようなタイトルがいい。タイトルに特徴があれば、思い出しやすいからだ。引っかかりのよさといえばわかるだろうか。

そこで推奨したい方法が、単なる単語ではなく文章、あるいはメッセージ性のある単語を選ぶというものだ。「1192年　いいくにつくろう鎌倉幕府」のような年代の語呂合わせと意味は同じだ（最近では「1185年　いいはこつくろう鎌倉幕府」となっているようだ）。

「なんだっけ、そうそうあれだ、あれ」と思えるタイトルがいい。

それがたとえば「PC」→「Windows関連」→「エクセルの新しい使い方」では、どうにも引っかからない。あるいはPC-1、PC-2、PC-3ではどうしようもない。図表3-2の私のフォルダのタイトルをもう一度見てほしい。まあ、いいものもあれば、それほどでもないものもあるだろうが、総じてひとひねりしているつもりだ。そのほうが、自分自身が興味を引かれるし、人に話すにも興味をもってくれる可能性が高いからだ。

こんなタイトルがいいかなと考えること自体が、さらにインデクシングになることは、いうまでもない。

たとえば図表3-2のイノベーションの引き出しにある「海底のバドワイザー」はどうであろうか。イノベーションとどう関係するか、まず想像がつかないと思う。しかし、一度聞けば、必然的にチェックが入るであろうし、「海底のバドワイザー」というタイトルで、いつでも思い出せるようになると思う。

この話も残念ながら私のオリジナルではなく、原典がある。前述した『パラダイムの魔力』で紹介されている逸話だ。著者のジョエル・バーカーがパラダイムについて講演した後に、若い男が話しかけてきた。

その人は、スキューバ・ダイビングに熱中しており、仕掛けに魚がかかっているかどうか見るために、マイアミ・ビーチ沖で、三〇メートルから五〇メートルも潜ることがよくあるという。その海域は、豪華なヨットが頻繁に行き交うため、投げ捨てられたゴミが海底にたくさん沈んでいる。特にビールの空き缶が目立つ。そして水深五〇メートルのところで、バドワイザーの空き缶を見つけたとき、その赤いラベルが鮮明に見えた。その人は不思議に思った。……

（ジョエル・バーカー『パラダイムの魔力』日経BP社、120～121ページ）

なぜ不思議に思ったのかというと、水深50メートルの世界では絶対に赤は見えない。この深さまで潜ると、すべてが青っぽく見えるはずだ。ではなぜ、見えるはずのない赤が見えたのか。それはバドワイザーの缶ビールの「正しいデザイン」を知っていたからである。

バドワイザーの缶の色が本来、赤いラベルと知っていたから、赤く見えたのだ。

この話は自分の思い込みや常識に固執すると、それに反する情報・データに接したときに、無視したり、自分の思い込みに合わせて操作してしまったりすることを教えてくれている。自分があるパラダイムにとらわれていると、なかなか新しいパラダイム、アイデア、イノベーションが理解できないという教訓を話すときに引用して利用させてもらっている話だ。

当たらないジャブは測定できない

「携帯を家で使う子供たち」という話もある。携帯電話が出始めた頃は、携帯電話は出先や移動中に使うもので、家では固定電話を使うというのが常識であった。

もちろん料金の問題もあるが、頭の中の優先順位がそうなっていた。ところが、そうした先入観のない子供たちはそんな使い方をしなかった。家でも友達と話すのに携帯電話を使うし、パソコンの電源が入っていて無料のe-mailが使えてもわざわざ有料の携帯メールを使う。私などは不思議で仕方なかったが、そのうち、大人も同様の使い方をするようになっていった。

ところで、こうした話は、情報としては大事でも、人に話すネタとしてはどうかという検証も大切だ。ネタとしては、それこそ使ってみてナンボ、人に話をしてみてナンボだと思っている。だから、仕入れたらなるべく早い機会に一度は使ってみるようにしている。

なぜならば、使わないと忘れてしまうし、実際にどのくらい使えるのか、受けるのかの効果測定ができない。加えて、その反応を見て改良を加えられるからだ。

いってみれば、お笑い芸人のネタと同じだ。受けないネタを後生大事に覚えていても仕方がない。

たとえば、冒頭の家で携帯電話を使う話は、昔は受けたが、今は当たり前すぎてまったく使えないネタになってしまった。

いくら自分ではおもしろい話・説得力のある話だと思ってみても、相手に通じなければ意味がない。そこを確かめるために使ってみるわけだ。

思わぬ効果がある場合もあれば、きょとんとされて、こちらの意図が通じない場合もある。もちろん、そうした反応は、相手によっても違うだろうから、人を代えて、何回かは試してみる。あるいは「これはダメだ」と思ったら、一度でお蔵入りというケースもある。

若いコンサルタントに、「ジャブは当たらなければ効果が測定できない」とよくいう。ジャブというのはボクシングの弱いパンチのことだ。ストレートやアッパーカットは、相手に大きなダメージを与える。相手を倒そうとして、渾身の力を込めて打ち込む。だから、うまくヒットすればいいけれど、外したら、反撃をくらって、ダメージも大きい。そのチャンスを狙うために、ジャブで打ち合い、相手の出方をうかがう。しかし、そのジャブも、いくら繰り出しても相手にかすりもしなければ、どれくらい威力があるか見当がつかない。

自分は威力があると思っていても、相手は蚊がとまったくらいにしか感じない場合もあれば、思わぬ威力で相手が倒れてしまう場合もある。

だから、「打つ前からああだこうだ、くよくよ考えるより、相手にぶつけてみろ」「それで痛い目にあってはじめて、次からどれくらいの手加減で打てばいいかがわかる」というわけである。

右脳的な連鎖が思いがけないスパークを呼ぶ

スパークをうまく説明することは非常に難しい。もしかしたら、その人なりのスパークの仕方、得意な方法というものがあるのかもしれないが、果たして私はどうやってスパークしているのか、自分なりの興味も含めて考察を続けたいと思う。この項はやや難解なので、読み飛ばしてもらってもいい。

図表4-2を見てもらいたい。現象、情報、話、ネタ、呼び方はなんでもいいが、ある情報(ここでは情報①と名づける)にAというインデックス(引き出しのテーマ)をつけたとする。場合によっては複数の引き出しに入る情報もある。ということは、同じ情報にAのほかにBというインデックスもつけた状態になる。このインデックスは、「リーダーシップ」や「パラダイムシフト」といった問題意識を示している。インデックスを帽子にたとえれば、この情報①はAとBの2つの帽子をかぶっていることになる。

その状態で、私がまったく別の情報②に接して、それがAという問題意識を媒介にして元の情報①とスパークするというのが普通の連鎖反応だ。しかし、どうやらそれだけでは

図表4-2　情報とインデックス

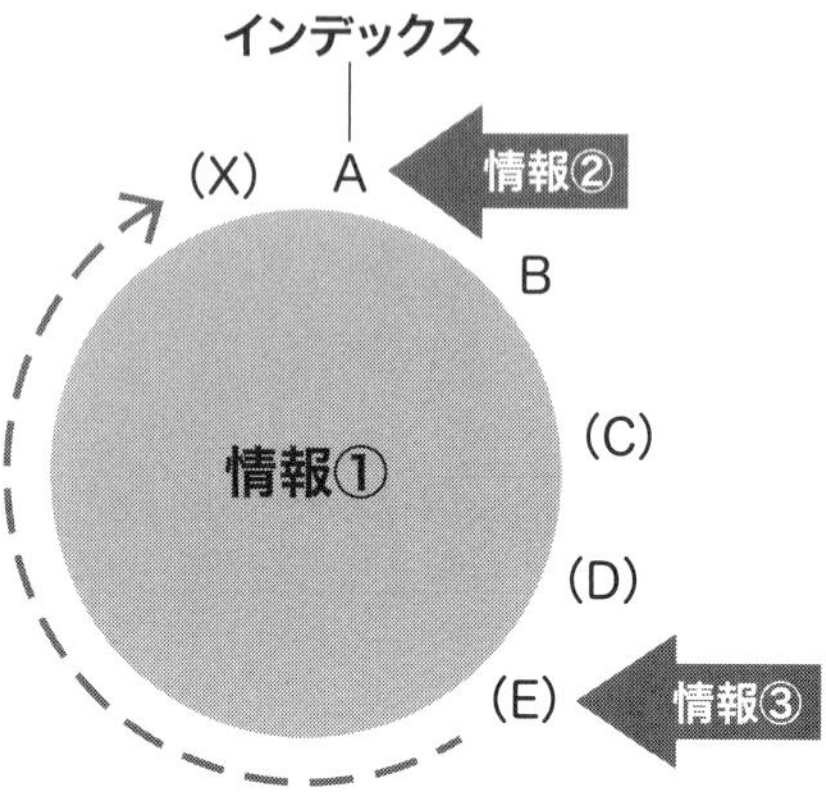

ない。

というのも元の情報①には、本当はC以下Xまでのインデックスが可能かもしれないからだ。私はたまたまAやBというインデックス、つまり問題意識でこの情報を認識しているにすぎない。

そこへ、今度はさらに新しい情報③に接して、これはAとかBというインデックスとは結びつかないのだが、この情報③が情報①を刺激して、想像していなかった展開を生むことがある。これは、情報③が、私が認識していなかった情報①の潜在的インデックス、たとえば「ビジネスモデル」を呼び覚ましたということになる。

頭の中のバーチャルな引き出しのよさは、

このように情報が特定のインデックスに結びついているのではなく、自由にインデックスと紐づけできるところにある。たとえば情報①にAとインデックスをつけることは大事だが、その途端にA以外の考え方、ルートを排除してしまうようでは、固定した用途にしか使えない、つまらない情報になってしまう。

そうではなく、別の問題意識をもったときに、そうか、この情報は「もしかしたらこういうふうにも解釈できるわけだ。そうなると、全然違う話になる」となれば、それだけその情報の価値は広がることになる。

この話を第1章で紹介したゲーム機のＷｉｉとプレイステーション、スマホゲームの事例で説明しよう。当初私の頭の中でこのケースはネタでいえば「イノベーターズジレンマ」「成功の復讐」の話として、「イノベーション」の引き出しに、「ゲームの有料・無料」「据置型か、スマホか」という観点から「ビジネスモデル」の引き出しにそれぞれ入っていたとしよう。すなわちイノベーションとビジネスモデルという２つのインデックスしかついていなかったのである。

ところがコンビニとスーパー、ドラッグストアの競合の例について考えているときに、これは実は花札・トランプをつくっていたゲーム会社と電機メーカー、スマホメーカーによる異業種格闘技のネタにもなると気づいた。異業種格闘技は2019年現在、「ゲームチェンジ」というインデックスがつけられたフォルダのネタになっている。こうした情報連鎖の結果、私の頭の中ではゲームの話は「イノベーション」「ビジネスモデル」「ゲームチェンジ」という3つのテーマを語るネタとして、それぞれの引き出しに連鎖づけられて記憶されることになった。

そうしたひらめきの連鎖が無意識のうちに起こって、素晴らしいスパークを生み、いいアイデアを生み出すことにつながる。これが醍醐味だと思う。

そんないい加減さは明らかに右脳的な連鎖だと思う。

こうしたスパークは、高度な掛け合いの中で生まれることももちろんあるし、ひとりで考えていて、頭の中の葛藤から生まれることも少なくない。しかし、一番楽しいのは、何気ない一言が、まったく予期していなかった連鎖反応を引き起こすときだ。

もちろん、そうしたスパークは、2人の人間がいて、どちらにも起こり得る。お題を出して（ジャブを出して）様子を見ていた私が、相手の何気ない反応からスパークすることもあれば、ジャブを打たれた相手が、そのジャブで私がまったく考えていなかったスパークを得ることもあるだろう。

ここで重要なことは、日頃から情報を蓄えているだけではなく、いかに自由な発想ができるかだ。

インデックスも、当初に行なう紐づけもほどほどがいい。仕事の最終段階では、さまざまな情報を整理して、分析・加工をするためには、ある程度の決めつけが必要になる。枠にはめることも必要だろう。しかし、その枠があまりにきついと、発想が広がらなくなる。

したがって、初期の段階では、情報を自由に遊ばせる。あるいはせっぱ詰まったときこそ、頭の中のたがを外して、情報の玉手箱の中で自由に遊ぶ、そういう感覚が必要なのだと思っている。

いい加減さが、左脳管理に勝る

左脳を使って、情報を論理的に整理したり、コンピュータを駆使して徹底的に管理したりすると、非常に疲れる。それよりも右脳に頼ることで、大きな発見ができるかもしれない。

人間の本能というものは、大変によくできたものだと私は思う。いい頃合いで、自然となにかとなにかを紐づける。ちゃんと必要な情報を思い出す。

たとえば、テレビで映画の予告編を見て、「あ、おもしろそうだな」と、かなりいい加減なインデックスをつける。ほとんど無意識にチェックしているだけにすぎない。これは左脳管理でいえば、情報にもならない。多分、邪魔な要素だ。

しかし、別の機会に、「今度全米ナンバー1ヒットの人気映画がくるのだけど知らない？」と聞かれたとする。その一言でその映画を思い出す。「なるほど、あれは全米ナンバー1と評判の映画なんだ。そういえば主演で俳優の○○○が出ていたな」と関係ないインデックス（俳優○○○）のことまで思い出す。そんなふうに右脳管理はきわめていい加減だ。だからアイデア発想には適しているのだ。

繰り返すが、私生活でやっていること、普段、自然とできていることをビジネスにも応用するのがいいということを私はいっている。

ただ、少しはそこで工夫が必要になる。たとえば私生活では、趣味の世界でもない限り、頭の中に大きな引き出しがひとつあればいいだろう。

しかし、さすがにビジネスではそれでは厳しいので、大括りして、さらに必要に応じて小分けもする。その程度の分類は必要になる。情報ごとに少なくともひとつのインデックスは必要になる。

ただ間違ってほしくない点は、これを義務や決め事と思ってやらないことだ。あくまでも発想は自由でなければいけない。どんな現象にも対応できるように、できるだけ準備をしておくということにすぎない。

現物の袋ファイルも同じだ。私がつくる袋ファイルはたくさんある。といっても、手間暇かけてつくっているわけではない。新聞の切り抜きや雑誌を破ったものを、ラベルを貼った袋に放り込むだけだ。仕掛品も多い。タイトルのない、つまり「その他」の袋もある。玉石混交で使い物にならないものが多い。しかし、石が多いが、玉もある。積んだままで二度と見ない袋も少なくない。基本的にあまり見直さない。しかし、前述したように、あるとき、さまざまなきっかけで見直すことがある。

「この手のテーマのものがたまったな」

「ちょっと見てみたい」

などという、いい加減な理由がほとんどだ。そうやってバインダーに昇格する情報も出てくる。あるいは、見直しただけで終わるのだが、そのことで頭の引き出しのインデクシングが強化されるということもある。

ただ、勘違いしてほしくないのは、こうした袋ファイルをつくるのがクリエイティビティを高めるための必須な作業ではないということだ。単に、私の方法を述べているだけで、本当は頭の中の引き出しだけでいいはずなのだ。しかし、頭の中だけでは確実ではないので、そんな情報の整理術も併用しているにすぎない。

繰り返すが、チェックすることが重要だ。頭の中でレ点を打つ。後で調べようと思う。意識する。タイトルを考える。

あるいは活字媒体であれば、書き込んだり、切り抜いたりする行為自体が大事なのだ。そのことでインデックスができて、頭の中でその情報をチェックすることができるからだ。

極論すれば、書き込んだ本や切り抜きは捨ててしまってもいい。しかし、本はなかなか捨てられないし、切り抜きもせっかくだから大括りしてとっておこうと思うわけだ。

だから、あくまでも頭の中の引き出しがメインなのだ。

行き詰まったら、右脳で俯瞰する

「木を見て森を見ない」という格言がある。常識にとらわれ、型にはまってしまうと、モノの見方も一面的になってしまう。そうなれば、細かいところにしか目がいかず、大きなうねりやまったく異なる視点からの答えを見逃すことにもなりかねない。それも左脳アプローチのデメリットだ。だから、左脳で行き詰まったら、今度は右脳を優先して「森を見る」ようにする。森を発見するために、時に図にしたり、グラフ化することも必要だ。ビジュアル化したものを、少し引いた角度から、客観視することによって、今までとは違った景色が見えてくることもある。まさに「円の外に点を打つ」ような発見があることも少なくない。

これは、経営コンサルタントとして、あるメーカーの仕事をしていたときの話だ。守秘義務があるため、細かな内容については残念ながら話せないが、市場のほとんどを5社で分け合っている業界の3番手の会社だと思ってほしい。図表4-3を見てもらえればわかるが、クライアントであるC社は業界の中でも真ん中に位置し、そこそこの成功を収めて

図表4-3　戦略転換を引き起こしたグラフ

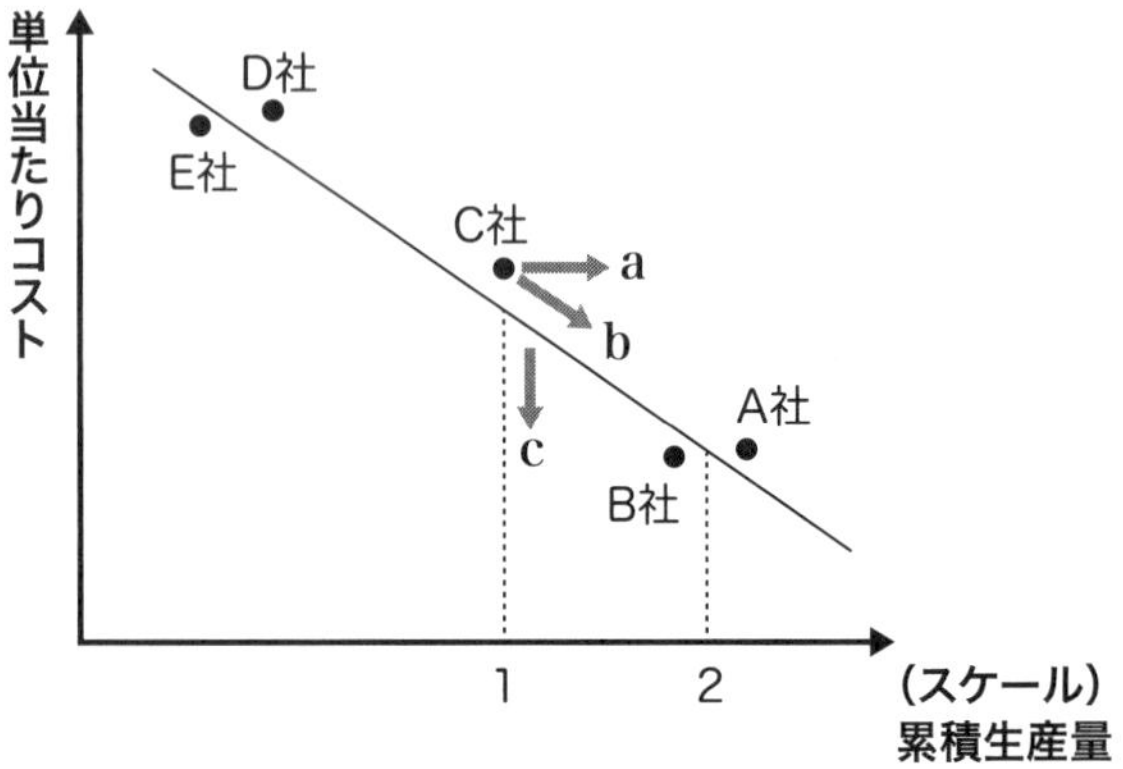

いるが、先が見えない。利益率が低く、成長戦略が描けずにいた。そこで将来の戦略構築を依頼されたのであった。

我々はチームを組んで、それこそありとあらゆる分析を行なった。商品差別化策も検討した。顧客セグメントも見直した。顧客別収益をチェックして、切り捨て策や優遇策も検討した。営業体制も全面的に見直した。ところが、どれもこれもうまくいかない。図表4-3にある小さな↓は、ある策を講じた場合の累積生産量の予想変化を表している。どれもささやかな違いしか生まない。袋小路だ。

「間違った穴を掘っているのではないか？」

「ディテールにこだわりすぎているのではないか？」

とチームの皆でさんざっぱら議論し、さまざまな資料を何度となく見直した。

ここでの最大の問題意識は、「大きな見落としがあるのではないか」というものであった。議論も尽くし、皆の意見ももう出なくなった頃、ずっと目の前の机の上に、他の資料と一緒にあった図表4-3があらためて見えた。ボーッと遠くからチラ見をする感覚だ。左脳は疲れていた。右脳があたかも別人格のように神経を研ぎ澄まし、机の上の資料を見回したのだろう。ふと私は大きな見落としに気づいた。ひらめいたのだ。

図表4-3をもう一度見ていただきたい。横に累積生産量、縦にコストをとって相関を見ているグラフだ。累積生産量が増えるとコストが下がることを表している。ところがこの業界の特徴は、その直線の勾配が急なことだ。つまりスケールメリットが非常に大きいということになる。

これは仮の数字だが、累積生産量が倍になると単位当たりのコストは7割になると思ってもらいたい。仮にクライアントであるC社の生産量が1で、業界のリーダーであるA社やB社の生産量が倍の2だとすると、コストも7割。C社がその製品をつくるのに、単位当たり1万円かかるところA社やB社は7000円で済むことになる。

ここまでコストが違うと、多少商品で工夫できても、顧客セグメントを見直しても、この差の劣位を埋めることはできない。つまりC社の場合は、小手先の工夫は全然威力を発揮できないということがわかった。基本的に、スケールで勝たないとダメなわけだ。そこで同社には、「生き残るためには、D社やE社を買収して生産量を大きくするしかない」という提案をした。

今でこそ買収提案は当たり前の選択肢だが、当時としては画期的な提案となった。その提案が受け入れられて、同社は積極的な買収戦略に転じて、今や業界のリーダーとして生き残っている。

そうした大きな戦略の転換が、たった1枚のグラフ。それも何回となく多くの人間が目にしていたグラフから決められたという事例だ。

では、なぜひらめくことができたのか。あるいは、それまではなぜひらめくことができなかったのか。

このグラフは、それまで何回となく眺めていたものだが、それまでのグラフの見方は、C社のポイントを、少しでも右下（bの矢印）にもっていくにはどうしたらいいかという見方だった。その時点では、今のままではどうやってもA社やB社にはかなわないという感覚はまだなかった。負けているのだから、勝つためにやるべき戦略は豊富にあるはずだと思っていた。つまりは、現状を改善するためにはどうしたらいいかという考えしかなかったわけだ。さらに利益を出すためにはコストを下げるべきか（cの矢印）、それとも売上を上げる（aの矢印）ために付加価値のある商品を考えるべきかということを真剣に考えていたわけである。しかし、そうした工夫では、この業界、市場の場合は図表4－3の矢印のような小さな効果しか提供することができなかった。そのときにふと森が見えた。このグラフはミクロに眺めていても意味がない。全体を見渡せば、明らかな法則性が見えてくるということに気づいたわけである。

ひらめきの天才は、もっと短時間で右脳にバトンタッチして、こうした見落としを見抜くのかもしれないが、凡人の場合は、ああでもない、こうでもないと可能性を1つひとつ吟味してつぶし、袋小路に迷い込んでなお考えて、疲れ果てたその先に見つかるものかもしれない。

いったん、大きな法則を見つけたら、その法則にしたがって勝つためにはどうしたらいいかを考えるのはそれほど難しい話ではない。この場合はその答えが買収戦略であったわけだ。

そのどちらでもなければ、「採算の悪い顧客を切り捨てましょう」とか、「ターゲットを特化しましょう」とか「高級製品を開発しましょう」といったもっともらしい、よくあるアドバイスしかできない。それぞれ多少の効果はあるだろうが、カンフル剤のようなもので、その効果は決して長続きしない。そのことはコンサルタントも顧客もわかっている。つまりそれは、「答えは見つかりませんでした」という答えなわけである。

実際には劇的な場面はなかったのだが、もしこれを映画にするとしたら、「皆があきらめかけたときに、なにかの拍子に1枚の紙が床に落ちた。それを拾おうとして腰を屈めたときに、天からの啓示が下りてきた」とか、あるいは「皆があきらめ始めたそのときに、ふと立ち寄った上司が、このグラフを見て語り始めた」などといったト書きになるのだろう。まさにそうした違う見方、心持ちが必要なのだ。これもひとつの「良い加減さ」であり、最後にはこの勾配が非常に急であるということがわかるだけの経験に裏打ちされた自分の頭の中のデータベースが必要になる。

もちろん、だから議論を尽くしましょうという話ではない。いかに常識を離れ、客観的に情報を見ることができるか、その情報を熟成させ、頭の中のデータベースと自由に化学反応を起こさせることができるか、いかにそうした過程を左脳によって邪魔しないことができるかが勝負なのだと思っている。

第5章

創造力を高める右脳発想

右脳思考を鍛える

右脳と左脳の連鎖がアイデアを生む

よく、はじめてのレストランに行って、料理が期待した以上においしかったりすると、また来ようとその店の電話番号や住所が書かれたカード（ショップカード）をもらってきたりする。あのカードをそれこそ名刺のように整理して、あいうえお順やカテゴリー別に整理している人は、仕事でもない限り、あまりいない。

普通は、もらってきたら机の引き出しかどこかにしまうか、そこら辺に置きっぱなしにして、顧みることもない。だけど、ショップカードをもらってきたという行為そのものを頭の中でチェックしたことになる。そのお店に引っかかったことになる。それでその店を覚えてしまう。忘れてしまったとしても、なにかのきっかけで思い出す。だから、もはやショップカードはいらない。電話番号が知りたければ、あらためてネット検索をしてもたいがいわかるものだ。だけど、たまたま、引き出しにその手のカードがたまっていれば、それを実際にひっくり返して電話番号を知ることができることもある。

そんなふうに、とにかく緩く、緩く、がんばるのがいい。

まるで、大リーグボール養成ギプスみたいなものをつけてファイリングする必要などない。徹夜でカードを整理する必要もない。本能の赴くままに、楽をして情報を蓄え、熟成させる。ワインのようだと書いたが、ワイナリーのように歩留まりはよくない。多くは熟成する前に腐ってしまう。忘れ去られてほこりを被ってしまう。それでいい。右脳思考なら、それでも十分に、役に立っているわけだ。

企画書を書く、事業計画書をつくるなど、ビジネスで必要とされるのは論理的にものを考えるロジカルシンキングであるという風潮が強い。左脳だけが重要なのであって、右脳を使う余地はないというふうに考えられている。

でも、私はその考えに違和感がある。たしかにロジカルシンキングは重要であるし、左脳も、膨大なデータベースやパワーポイントやエクセルを駆使した情報加工も必要だろう。統計ソフトを使った多変量解析も結構なことだ。

しかし、それだけでは大きな発見をすることはできない。感動的なアイデアを得ることができない。

そこで差別化するためには、右脳が必要になる。右脳を否定するということは、人間の本能に逆らうことなのではないだろうか。それでは個性を失ってしまう。差別化できる回答は多分書けない。ありがちな模範解答は書けるかもしれないが、その模範解答では、たとえば成功する新規事業は考え出せないと思う。なぜならばそのやり方では、誰が考えても同じような答えになってしまうからだ。

- **右脳で考え、左脳で整理する**
- **右脳で発想し、左脳で確認する**
- **右脳で散らかして、左脳で片づける**
- **右脳で発見して、左脳で解決する**

そうした連鎖が必要だろう。

スパークするのは、あくまでも右脳なのだと私は思っている。だから、右脳が使いやすいように情報を収集し、整理し、熟成させることを重視するのだ。

皆、日常生活ではそうしている。右脳で考えて、人に説明するために左脳で整理する。ところが仕事ではそうしてはいけないと教えられる。証拠がないとか、理屈になっていないといって怒られるからだろう。だから右脳を思考停止させて、左脳だけで考え、分析し、発信しようとする。そこで躓《つまず》く。おもしろいアイデアが出てこない。ありきたりの答えしか生まれない。馬鹿げたアイデアが出てこない。

スパークを生むメカニズム

ここであらためて、スパークやひらめきについて整理をしておこう。

問題意識、つまりは興味とか関心、好奇心、あるいは具体的な問題意識というフィルターによって、ある現象に接する。そこで情報を選り分け、必要な情報と判断すれば頭の中でチェックする。レ点を打つ。関心の度合いが高く、その現象がまさに的を射たものであれば、そのまま一気に問題解決にまで突き進む場合もあるだろう。しかし、多くの場合は問題意識を強める程度にとどまる。「なんだろう?」「こういうことかな?」といった程度でその場は終わってしまう。頭の中の「その他」というフォルダの中に放り込まれて放置される。

図表5-1　ひらめきのメカニズム

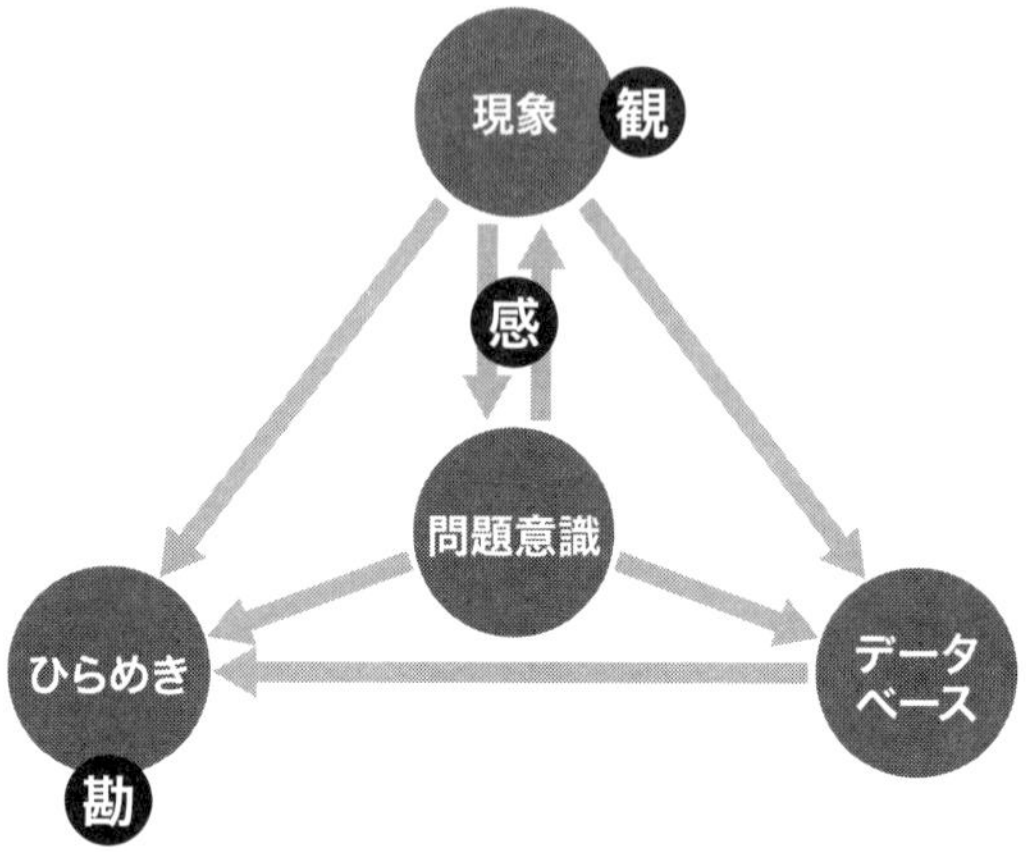

そうした問題意識に紐づけされた情報を頭の中のデータベースにたくさんためておくと、ひとつにはなにか新たな情報に接することで化学反応を起こすことがある。溢れ出てくることもある。あるいはワインが熟成するように、おのずと発想がひらめくこともある。「ああ、あのときのあれって、そういうことだったのか！」といった具合だ。

図表5-1を見てほしい。各要素を結ぶ線は、いろいろなケースがあり得るということを意味しているにすぎない。大事なのは、4つの要素だ。問題意識が真ん中にあり、その他に仮想データベース（引き出し）と現象（情報）、ひらめき（思いつき）とある。

これまでにも繰り返してきたように、

基本は現象（情報）が問題意識をフィルターとしてデータベースに蓄えられるというものと、現象（情報）が問題意識を触媒としてデータベースの内容と化学反応を起こしてひらめきを得るという連鎖だ。

ただ、もともとなんの問題意識ももっていなかったのに、ある現象（情報）によって自分の中にあった問題意識が引っ張り出されたり、誘発されたりすることもある。逆に積極的に問題意識を前面に出して現象（情報）を見ることで、スパークが起こり、ひらめくという場合もある。

そうした外と内の連鎖だけでなく、外にある現象（情報）と現象（情報）が問題意識によってぶつかり合うこともある。データベースに照らすまでもなく、問題意識と現象（情報）によって、あるひらめきを得る場合もあるだろう。

あるいは外にある現象（情報）とは関係がなく、問題意識＝引き出しのラベルを頼りに、フォルダを引っかき回して答えや、あるいはヒントをさがすということもあるわけだ。

そしてたまには、問題意識も関係がなく、現象（情報）からそのままひらめきを得るという場合もあるはずだ。「おもしろい。これは使える！」と膝を叩くイメージだ。

いずれにしても、問題意識さえしっかりしていれば、さまざまな組み合わせによって、結果としてうんちくを蓄え、また数多くのひらめきを得ることが可能になるはずだ。

少なくとも私の場合は、どうやらそういう構造になっているようだ。

私はこれを「観」「感」「勘」という3つの言葉で言い表している。事実としての「現象」を見ることが「観」であり、そうすることで見たものが心に引っかかったり、問題意識が生まれてくることが「感」である。そこからすぐ思いつきが生まれることもあるが、そのときはなにも思いつかなくとも、引っかかったものをとりあえずデータベースに放り込んでおくと、後で他の現象を見たときなどに、それをきっかけとして「ひらめき」が生まれる。この「ひらめき」ないし「ひらめきが生まれる過程」が「勘」である。図では「現象」が「観」にあたり、「ひらめき」が「勘」にあたる。「感」は「現象」と「問題意識」の間にある矢印そのものだろう。

突き詰めてみると、ひらめきを得るための基本的な手順は以下のように分類されると思う。

①現象を見る（観）

現象（情報）を見て（観）、興味がわき（あるいは、疑問がわき）問題意識が生まれる（感。図では下向きの矢印）

②問題意識による引っかかり（感）

問題意識をもちつつ別の現象を見ることで、見たものが心に引っかかってくる（感。図では上向きの矢印）

③ひらめく（勘）

引っかかったものを自分の仮想データベースに放り込むと同時に、データベースを検索し、ひらめきを得る（勘）

「①現象を見る」は日常生活に近い。現象からおもしろさ、楽しさ、不思議さといった感情や興味ベースの問題意識が誘発されるパターンだ。

「②問題意識による引っかかり」では「①現象を見る」によって生まれた問題意識が働くこともあるだろうし、仕事として与えられた課題や研究テーマ、打ち込んでいる趣味などが問題意識として機能することもあるだろう。

たとえば、早稲田大学のアラフォー、アラフィフの卒業生が久しぶりに早稲田のキャンパスに来て、「僕のときより、学生が多いな」と感じたとする。これは現象を事実としてとらえただけなので、「観」にあたる。

これに対して、「なんでこんなに多くの学生がいるのだろう」と疑問を感じたとすると、これは問題意識の表れで、「①現象を見る」の「感」にあたる。

そうした「感」をもちながら、周りを見てみると「女子学生が増えた」「しかも女子学生がかわいくなった」と思った。これは事実のレベルで、「観」にあたる。

この事実に対して、「僕のときはバンカラのイメージだったのに、ずいぶん変わった、ここは青山学院か」「かわいいと感じるのはスタイルがよくなったためでは」「いや、服装がおしゃれになったのでは」と思ったとすると、これは「なんでこんな多くの学生がいるんだろう」という問題意識から生じた「②問題意識による引っかかり」の「感」である。

こうしたものを自分の仮想データベースに放り込んでおくといい。

「そういえば何年か前の雑誌記事で、明治大学が女子高生の人気ナンバーワンになったという記事を見た記憶があるな。早稲田と同じようにバンカラの大学がまさか……という感じで雑誌を手に取った。それと、大学生全体で昔より授業出席率が上がって、平均8割超というのも読んだな」

「もしかすると、志望者を集めるのも、出席率を上げるのも、女子をいかに集めるのかがカギなのかもしれない。志望者減や低い出席率に悩む学校は女子学生を集めるのがカギかな。男子は女子に釣られてやってくるだろうし。アルバイトの確保・定着に悩むウチの会社のヒントになるかも」

自分の仮想データベースにあった情報とくっついて、アイデアが生まれたりもする。これは「③ひらめく」の勘である。

問題意識のもち方によって、見えてくる現象も変わり、さらに生まれてくるアイデアも変わってくる。問題意識のもち方は人により異なるので、人によって千差万別の反応が起きることになる。

街歩きをしているときに、食べるのが好きな人は「新しいレストランがないかな」と思って見ているし、「お、ここにフランス料理店ができた」と気づく人もいれば、ターバンを巻いている人を見て「ああ、俺が食べたかったのはインド料理だった」と気づく人もいる。同じ街を歩いていても、カメラが好きな人は「ずっと欲しかったカメラがあのリサイクルショップにあるかも」「あの外国人観光客がぶらさげていたカメラ、日本でも手に入るのか」と思っていたりする。こういうのは、趣味という強い関心が機能して問題意識となっている。この問題意識がなければ、カメラも料理店もただ見るだけ、あるいは見すごしてしまう。

人により、興味がある対象はファッションであったり、食べ物であったり、カメラであったり、いろいろだろう。それがフィルターとなり、同じ光景を見ても「感」は違ってくるのだ。

「①現象を見る」と「②問題意識による引っかかり」の「感」によって形成されていくのが、「③ひらめく」で使われる仮想のデータベースだ。この仮想データベースが20の引き出しとなる。短期的で明確な課題、ニーズがあるわけではないが、常に問題意識、興味をもって好奇心旺盛に生きて、働いて、その過程で出会ったさまざまな現象（情報）をフィルタリングして必要と思われるもの、関心が高いものを蓄える。そうしてできあがった仮想データベースを必要に応じて引っかき回したり、新たな情報を投げ込むことで、情報同士の化学反応を引き起こし、ひらめきやアイデアを得るというイメージだ。

なにか引っかかっても、すぐにひらめきにまで至らないときは、とりあえず引き出しの中に入れて放っておく。データはいろいろ揃っているのに、トリガーがなくて新しい発想に結びつかないこともある。そうした場合も、なんかちょっとしたきっかけでポンとひらめくことがある。

「②問題意識による引っかかり」を意識して物事を見るという行動は、必要に迫られれば誰でも行なう。ところが、必要になってからこれをしようとすると、知らぬ間に恣意的な行動をとってしまう可能性が高い。予定調和を重視し、先に結論を考えてしまったり、焦りもあってか多分無理だという感覚からアイデアを練ろうとしてしまうことも少なくない。その結果行なうのはお定まりのネット検索や統計調査、あるいはお仕着せ色の強いアンケート調査などだ。それでは画期的なアイデアなど生まれるはずもない。

北宋の文学者・欧陽脩は「平生《へいぜい》作る所の文章、多くは三上に在り」として、「馬上・枕《ちん》上《じょう》・厠上《しじょう》」つまり「馬に乗っているとき」「寝床に入っているとき」「便所に入っているとき」の3つを、文章を考えるのに適した場面であるとした。

しかし馬に乗ったからといって、データベースになにも入っていなければ、アイデアなど思いつくはずもない。日頃から「感」で引っかかった出来事を集めていた蓄積があって、はじめて「馬に乗っている間に、いいアイデアを思いついた」ということが起きる。

だからまず、仕事においても日常生活と同じように、「①現象を見る」が重要だという話になる。限られた命題を後追いするのではなく、いわば自分の興味分野で博識になるというイメージに近い。そして、「②問題意識による引っかかり」や「①現象を見る」の結果として、「③ひらめく」の仮想データベースを頭の中に構築し、それを常にブラシュアップしていく。必要に応じて袋ファイルなど、無理のない範囲でリアルの補助的手段を講じる。それは自分の好きな方法でいいが、頭の中のデータベースが「主」で、現物のデータベース（ＰＣや紙などのリアルなデータ）は「従」だということは忘れないでいただきたい。

そうすればいざ、ひらめきが必要になったときにも慌てることはない。人よりも常に斬新な、そうでなくても自分らしい個性的な発想を得ることができるようになるはずだ。

「あいつに聞いてみよう」人材を目指す

こうした右脳思考とそれを可能にする情報整理・活用術は、新しいアイデアを出すときに非常に効果的な方法論だ。その他の効用もあると思うが、本書ではこの一点について言及している。

この方法をマスターすることができれば、「そういう話なら、彼（彼女）の意見も聞いてみよう」「彼（彼女）なら、もっとユニークな意見を聞かせてくれるかもしれない」といわれるビジネスパーソンになれるはずだ。

要は、ユニークな発想ができる、発想を自由に飛ばすことのできる人材だ。当たり前の答えを期待されるのではなく、「彼（彼女）ならどう思うのだろう」と思われる存在だ。

これまでの日本社会や企業では、そうした人材を求めてこなかったのではないだろうか。しかし、市場の成熟化と共に、右へ倣えの横並び主義や当たり前の発想では決して勝ち組として生き残れない時代になってきた。今後は、人と異なる見方ができ、新しいアイデアを生み出せる人材が一番必要とされるはずだ。

新しいアイデアを思いついたり、それを仕事に活かせる人間は、決して単なる変わり者ではない。彼らはひとりよがりのアイデアにおぼれることなく、常に市場や顧客に目を向け、引っかかった情報にインデクシングし、自分の情報データベースに紐づけながら思考しているのだ。

それができなければ、顧客の半歩先をいく提案はできない。

本書の主張は、努力をするなということではない。労力は決して使い惜しんではいけない。ただ、その労力、努力を集中する場所、段階、方法を間違えてはいけないと私は思っている。

だから、情報収集にも努力は必要だ。私の場合も、20×20＝400の情報のうち、多分、300は使わない情報なのだろうと思う。しかし、それは決してムダではない。結果論であり、どの情報が使えるか、使えないかがはじめから決まっているわけではない。しかも、組み合わせの妙によって使えるようになる情報もある。それこそ時間が経って、熟成して使えるようになる情報もある。あるいは、自分には使えないが、他人をスパークさせる情報もあるはずだ。

しゃべる、書く、歩き回る

期限が定められている仕事や特定のプロジェクトで、本当にクリエイティブなアイデアが必要なときにどうすればよいかといったら、それこそ、うんうんとうなるしかない。お金をもらって斬新なアイデア、企画、事業計画を提出しなければいけないときは、さすがに講演のネタや印象づけのための小噺や、将来のためのジャブの応酬とは違って、「ちょっと試してみる」というわけにはいかない。ジャブではなく、ストレートが必要になる。

相手にこちらの限界を見切られてしまったら、つまらない人間だと思われてしまう。特にコンサルタント業界はそうだ。

企業から見てみれば、新規事業の推進や新製品開発には、それこそ大金を動かすのであるから、それは仕方がない。

とはいっても、それに向けた特別のやり方や準備があるわけではない。もちろん、アイデアを納得性の高いものに仕上げたり、わかりやすい企画書に仕上げるという作業は、人員も必要であるし、デジタルツールも使用することになる。そのためには膨大な資料を準備して、分析を行なったり、グラフ化したりするので、ある程度、物量作戦がモノをいう。過去の実例、成功例のデータベースから使えるパーツやコンセプトをさがし出しもする。

しかし、その大本となるアイデアを紡ぐための準備や方法論は、特別なものではない。ほぼ、今まで本書で解説してきたようなものなのだ。そこから何十億円、何百億円というお金を生む企画が生まれ、育っていくわけなのだ。

もちろん、そのための基本的なノウハウというものはある。「ゼロベースで考えろ」とか、「反対の立場から見ろ」といったものだ。もちろん、それらは大事なのだが、そうしたことを解説した書籍はすでにたくさんあるだろう。

私も多分、そういうことをやっているのだろうと思うが、後から考えて説明を試みるとそういうことになるというだけのことにすぎない。人間の脳は、そんなにシステマチックなものではない。

やはり、それまで頭にため込んである情報を駆使して、右脳で自由発想を繰り返すしかないのだと私は思っている。

そのための方法論をあらためて、整理して考えてみよう。

まずは再三述べてきたように、頭の中の引き出しをサーチする。昔の事例をさがして、似た状況を考える。必要に応じて、リアルの袋ファイルやバインダーもサーチする。

考えが行き詰まったら、書いてみることが大事だ。

しゃべる、書く、そして歩き回る。そうやって脳を活性化させているのだろうと思う。それから「視点を変えて繰り返す」。行き詰まっているのだから、思いついたことはなんでもいい、どんなに些細なことだと思われることでも書き留めて、あるいは相手がいるのであれば口に出して、そこから膨らませてみる。

場合によっては本当に馬鹿げた考え、幼稚な考え、はたまた妄想かもしれないが、そんなことは気にしない。優れた、斬新なアイデアは、古い考え方、視点から見れば、ほとんど妄想と見分けがつかない、すぐ隣にあるものだからだ。

相手がいて、いったん口に出してしまえば、引っ込みがつかないから、それを説明したり、発展させたりしようという気持ちになる、それが大切だ。もちろん、ダメな場合もあるが、そこから始まることもある。

ひとりの場合、書いてみるというのは有力な方法だ。手を動かすことで、脳は活性化する。ホワイトボードがあれば、それに書く。なければ手元にコピー用紙を置いて書く。

KJ法*の要領で（実際にカードに書き込んだりはしないが）グルーピング化し、構造化していくということも行なう。トニー・ブザン氏が考案した、「マインドマップ」などを使う場合もある。

それらの言葉、文字がそのままアイデアの入り口を指し示している場合もあれば、前述したように、自分が、あるいは相手がスパークする魔法の言葉となることもある。

ひとりでやってダメなら、誰かと議論することがやはり重要だ。その相手も、最初はプロジェクトメンバー同士か上司や部下など、関係者ということになるだろう。それも大事だが、加えて、そのプロジェクトやテーマとは関係のない人に会って話をすることも効果的だ。私の場合はやはり家族、妻や子供あるいは友人たちによく問いかける。

「なにかアイデアはない？」

「こんなことで困っていない？」

「こういう考えはどう思う？」

ジャブの場合もあるし、リサーチに近く、まったくまだアイデアのない試行錯誤の状態の場合もある。

決して答えを期待しているわけではない。ボケとツッコミの掛け合い漫才のようなもので、斬新な反応や受け答えに刺激を受けたり、相手に説明することで自分の考えが整理されたり、問題点が明らかになったりする。そうした相手には、信頼できる家族や友人が最適だろう。

もちろん、気分転換も重要だ。気分転換にもいくつかある。一時、まったくその問題を頭から追い出すこともあるし、気分を変えて、あるいは場所を変えてまた考えるという場合もある。私の場合は後者が多い。

コーヒールームに行く、外に出て街を歩く。その場にいても、関係のない本や雑誌、あるいはメモをパラパラとめくりながら見るともなしに見る。

人間の集中力はそれほど保つものではない。私の場合は15分からせいぜい30分だ。その後は休憩を入れる、あるいは気分転換をするのがいい。

もちろん、ここら辺になると人それぞれの流儀というものがあるだろう。

ここでの最大のポイントは、この段階で新たな情報は基本的にインプットしていないということ、もうひとつは、デジタルツールをほとんど使っていないということだ。私は、

＊文化人類学者の川喜田二郎氏の頭文字をとったカード式情報分類法。

なにかを考える際に、決してネットサーチなどは行なわない。
必要な情報は、そのプロジェクトに関する具体的なデータや定性情報だけではない。斬新なアイデアを生むための、いわば栄養になるような各種の情報は、常日頃から頭の中に、あるいは手元に蓄えておかなければいけない。その上で、発想には右脳を自由に遊ばせるわけだが、

ポイントは喜怒哀楽の感情を重視すること。
好き嫌いも個性であり、差別化には重要な要素だ。

普通は、ビジネスに好き嫌いは持ち込まないように教えられるかもしれないが、これは顧客対応の話ではない。企画には、大いに好き嫌いや怒り、喜びといった感情をぶつけるべきだと私は思っている。ただ、大事なのは嫌いとか怒りといったマイナス面での感情ではない。むしろ重要なのは、喜びや、ワクワクする感覚だ。心から自分がおもしろいと思える企画を発想できたら、これに勝る喜びはないであろうし、そういうときのほうが、文字どおり、いい企画に発展する可能性は高いものなのだ。

ひらめきは全文検索からは生まれない

では、なにから生まれるかというと、「自分の脳のインデックスサーチから生まれる」。これは、ここまで読んでいただいた読者には、もうおわかりのことだろう。

だから、グーグル検索からはなにも新しいひらめきは生まれないと述べた。もちろん、本をぱらぱらめくるとか、メモを飛ばし読みするように、見るとはなしに、ネットサーフィンを楽しむためだけに利用するのであれば別だが、いずれにしても、インターネットは万能のメディアではないし、ウエブサイトは万能のソースではない。

あくまでも重要なのは、おもちゃ箱や道具箱を引っかき回して、自分なりのインデックスでさがしものを見つける過程だ。その方法でこそ、自分なりの価値を生み出すことができる。

全文検索、ネットのキーワード検索では、検索のうまい下手でしか、違う情報を手に入れることはできない。そう思っている。

私はここまでにもふれてきているように、ＩＴ関連の動向にも大変な興味をもっている。

しかし、私が日々目を通し、情報を仕入れ、あるいはそのワードに引っかかりをもつのは新聞や雑誌、あるいは書籍などが多く、インターネットを利用する場合は非常に少ない。

しかし、それは人それぞれだろう。主に、どのようなメディアを閲覧しているかでもそこは変わってくる。なにも私のやり方にそこは合わせる必要はない。私はＩＴの力も否定しないし、インターネットの重要性も否定しない。

だから、あなたの場合は日々、ネットで記事を検索し、なによりもインターネットを通じた情報収集で引っかかることが多いとしても、それはそれで大いに結構だ、そこは自分の流儀でいい。

ただその際にも、あくまでもサーフィンであって、右脳思考や紐づきの連鎖を自由に操るようにしてみることをお勧めする。なにかを調べていくというニーズと、アイデア、ひらめきはまったく別のものだ。

辞書を見るかのごとくに、なにかについてグーグルで検索したり、ウィキペディアを見ても、そこからなにかクリエイティブなことが生まれるということはないと考えるべきことに変わりはない。

自分にとってのクリエイティブスペース

私にとって、一番貴重な時間は電車の中ですごす通勤時間だ。この時間は片道およそ四五分ある。ほとんど座れない。だから、本や新聞を読み、もっぱら情報収集にその時間をあてる。そうでないときは、吊り革につかまりながらボーッとする。そういうときに、いいアイデアが出る。ほかに逃げることのできない状況がアイデア創出に適しているのだと思う。家やオフィス、あるいは研究室などは、なにかと気移りしてしまう。

もちろん、これも私の場合の話である。

じっくりと考え事をしたり、アイデアをひねり出すのに、どこが一番いい空間か、あるいは時間帯かは人によって違うだろう。したがって、自分にとっての最適な書斎を早く見つけることが肝要だ。さらにいえば、そもそもそういう空間、時間と場所をもつということが重要なのだ。ただ忙しく立ち回っていても、いいアイデアは浮かばない。普段の生活にもホッとする時間が必要なように、ビジネスパーソンにもボーッとする時間が必要だ。リフレッシュのためにもいいが、そうした時間帯にいいアイデアが浮かび、あるいは課題が自然と整理されるものなのだ。
それは実際の書斎かもしれないし、トイレかもしれない。お風呂かもしれない。あるいはベランダかもしれない。あるいは私と同じく電車の中であったり、あるいはバス、はたまた自分で運転するクルマの中という人もいるだろう。決まって早朝にする散歩かもしれない。

私の恩師は、自宅に立派な書斎があり、研究室も落ち着いて考え事ができそうな場所なのだが、原稿はなぜかファミリーレストランで書くという。そのほうが集中できて、はかどるからだ。そういう人もいる。行きつけのカフェのある作家も多い。そこは自分の作業が一番はかどる空間であるわけだ。自分のクリエイティビティが高まる場所といってもいい。

2008年のノーベル物理学賞を受賞した小林誠氏と益川敏英氏がどうやって新しい素粒子理論を発見したのかについて大変興味深い記事が同じ年の朝日新聞に載っていた。益川氏がどこでスパークしたのかという記事である。
要約すると、「CP対称性の破れ」という不思議な現象の解明に取り組んでいた坂田昌一門下生の小林さんと益川さんは当初、当時発見されていた3つのクォークをひとつだけ増やし、4つのクォークを使うことでどうにか説明しようと試みていた。だが、うまくいかなくて苦労していた。ところがある日、益川さんが風呂に入っていたときに、6つのクォークモデルを思いついたそうである。湯につかりながら、4つのクォークをあきらめようと思いたったその瞬間、6つにすればうまくいくとひらめいた。「計算もなにも必要なかった。その瞬間、自明であることが確信できた」。湯船から出たときには、小林・益川理輪の骨格はもうできあがっていた。

本当にスパークするというのはこういうことなのだと思う。我々でも、ノーベル賞はとれなくてもなんか問題意識をもって取り組んでいれば、突然ひらめくことはあるはずだ。大事なことは、自分のスパークしやすい環境・場所・条件を知っておくことだろう。

あなたにとっての「そこ」は、どこだろうか。わからないとしたら、まずはそこを見つけることが大切なのではないだろうか。

人間は、生活の中でささやかな喜びというものをもっている。少しだけ幸せ度が強くなる瞬間というものがある。それは、朝の植物への水やりの時間かもしれない。夜中に自分で淹れたコーヒーの香りかもしれない。他人にはなんでもない瞬間や、むしろ好きではない時間であっても、人によってはすごくリラックスできる時間となるものだ。私の知っている検事さんは、休日に料理をつくるために一心不乱に包丁をトントンしているときが、仕事を忘れて一番無心になれるといっていた。別の人にとっては、部屋でじゃれつくペットをかまう時間かもしれないが、そういうときに重要なアイデアが飛び出すものだ。

仕事も同じだ。アイデアを出す時間は就業時間に限らないが、就業時間中であっても、本当はボーッとする時間やリラックスすることが大事なときがある。しかし、オフィスの常識では、ボーッとしている人間は叱責される可能性が高い。なにか忙しそうに身体をあるいは手を動かしていないといけないと思われている。頭を動かしていても、誰にもそれはわからない。だから、わかりやすく忙しそうにしていることが求められてしまう。しかし、そのこととクリエイティビティとは関係がない。だから、通常のオフィスタイム以外に、自分がクリエイティブになれる空間を見つけることが大切なのだ。

そのことの重要性を理解し、その空間を見つけることができれば、それだけで多くの課題を解決することができるはずなのだ。

その空間は、人によってはバーチャル空間にあるかもしれない。フェイスブックやツイッターのようなSNS（ソーシャル・ネットワーキング・サービス）を利用して、自分の意見を発表してコメントをもらったり、議論したり、情報交換をしたりするコミュニティに属している人は少なくない。直接知っている友達同士だけでクローズしたコミュニティから、オープンなコミュニティまでさまざまな形がある。そういう場でのおしゃべりや、あるいはジャブの応酬が重要なスパークの場という人もいるだろう。

なんであれ、自分が一番クリエイティブになれる場所と、いい刺激を受けることができる手段を見つけることが大切なのだと思う。

パソコンの前にいるのがいいのか、紙に書いたり散歩をしたり、とにかくひとりで格闘するのがいいのか、あるいは私のように人と会って話をする、議論を戦わせるのがいいのか、そのやり方はなんでもいい。

もちろん、その場所、その方法をワンパターンに固執する必要もない。併用するのもいいだろうし、段階に応じて変えるというのでもいいだろう。

公私混同のススメ

今はブログよりフェイスブックに投稿することが多いが、私は以前『内田和成のビジネスマインド』というブログを書いていた。いくつかのカテゴリーごとに、人との出会いや街中で感じたこと、あるいはさまざまな場所で仕入れたネタ話などを散文的に紹介している。拡大版「20の引き出し」のようなものだ。

本書では紹介していないネタについても掲載しているので、興味のある方はそちらを見てほしい。そして、気に入ったネタがあったら、自分の引き出しに自由に加えていただいてかまわない。ただし、私以外の原作のものも多いので、実際に使う際にはオリジナルの出所を明らかにしてほしい。

ただし、私はこのブログを発信やジャブのために書いているのではない。私の場合は、自分のネタ話を練り込んだり、アイデアを創出するために、あるいはアイデアを熟成させるために書いている。その意味では情報のプールであって、自分のノートの延長だ。たまたまその情報のプールすなわちデータベースを公開しているにすぎない。公開している以上、コメントをもらうことも少なくない。その際、よいアイデアをもらったり、問題指摘を受けることもある。結果としてジャブを打っていることにもなる。

私だけでなく、人は皆、オフタイムではクリエイティブな活動をしている。ここまで説明してきたように、日頃の生活がそもそもクリエイティブだ。恋愛も、料理も、あるいは子育てやペットを育てることもクリエイティブだ。さらに、今では会社で働く昼間の顔とは別の顔をより積極的にもつ人が多い。

それは趣味の世界であったり、地域の活動であったり、あるいはボランティア活動であったり、作家活動であったり、バンド活動であったりと、さまざまだ。

私が強く主張したいことは、そうした多彩にしてクリエイティブなあなた本来の姿、生き方、ノウハウをなぜ仕事にも活かさないのかということだ。普段のやり方、オフタイムの常識を仕事にそのまま持ち込もうではないかと強調したい。つまり、公私混同だ。それが差別化された斬新なアイデアを生むためには最も重要なことなのだ。

仕事には直接関係のない情報収集や整理、分析が、アイデアを誘発し、仕事にも大きく貢献する可能性が決して低くないことは、ここまでにも解説してきたとおりだ。

残念ながら、自分が仕事であまりクリエイティブではないと感じれば感じるほど、仕事とは別の場所で、自分がクリエイティブになれる空間をつくろうとする人が多い。しかし、それは窮屈なことではないだろうか。生活の糧を得るためとまったく割り切って仕事をしているならばそれでいいのかもしれないが、そういう人はごく少数のはずだ。人生のゴールデンタイム、しかも1日の半分、昼間の大半の時間を仕事にあてているのであれば、その仕事で楽しまなければ人生は寂しい。

だから公私混同をして楽しむ。プライベートなオフタイムの方法論を仕事にも持ち込んで、他に抜きんでる人材になる。こんなにハッピーなことはないと思う。

ひらめくためには「なぜ」が大事

ひらめきを訓練するとすれば、なんらかの現象を見た、あるいは知ったときに、「なぜ?」と問いかける習慣をもつことだろう。

たとえば社会人の間で学校や習い事が流行っている。こういう現象がある。そのときにただ、「へーッ」で終わらせるのではなくて、それはなぜかという疑問をもってみる。それが問題意識だ。具体的にはビジネススクールや英会話スクール、資格取得のためのスクールが流行っているという話だ。少し調べてみたり、周りにそういう人がいれば動機などを聞いてみる。全体的な傾向としては、いわゆるカルチャースクール的な学校に対するニーズがある一方で、キャリアアップのためにまじめに大学などに通う社会人が多いことがわかる。

それはなぜか。企業の先行きや日本の将来に不安をもっているせいではないか、という仮説が思い浮かぶ。ところでこのビジネススクールに、欧米と日本では大きく違う点がある。欧米では昼間のビジネススクール（フルタイムと呼ぶ）に通うのが一般的だが、日本の場合は、どちらかといえば、昼間は仕事をしながら、夜間に通うタイプのビジネススクール（パートタイムと呼ぶ）の人気が高い。

なぜそうなのかを考えると、次のような考えに到達する。学生でもある社会人のニーズは明白で、収入がなくなるのは嫌だし、履歴が途切れるのも困るから、今の仕事は維持しながら、キャリアアップやキャリアチェンジを考えるために、夜間の学校に通う。

企業にしてみれば、これまでのように、新卒から社内で育てていくのでは時間とコストがかかりすぎるので、スペシャリスト人材が欲しいというニーズがある。さりとて、社費で留学などをさせられる人数は限られているというわけだ。

では、教育機関の大学はどうかというと、少子化によって経営はじり貧になってしまう可能性が決して低くない。そこに脅威を感じると同時に、社会人のキャリアアップのニーズを感じ取り、資格スクールや英会話学校などとの争奪戦に臨んでいると考えられる。

こうして三者のニーズが合致することで、WIN-WIN-WINの関係が成り立ち、結果として国内のビジネススクールがかなり流行っているということがいえそうだ。

たとえばこんなふうに考えてみるわけである。もちろん、まったく知識がなかったり、興味のない分野でこうした頭の体操を行なうことは困難かもしれない。だから、好奇心旺盛、なんにでも関心をもつ性格の人のほうが一歩リードしやすいことは事実だろう。

大事なのは、

問題意識を重視するが、
いい加減で、
無理をしない。
情報は放置して熟成させる

ことだ。

おわりに　生活者視点があなたをクリエイティブにする

作業を仕事と勘違いしていませんか

「日本のホワイトカラーの生産性は低い」と断罪されたのは、いつのことだったであろうか。世界的に見て、今現在の日本のオフィスの生産性がどの程度のものかはわからない。しかし、決してそれほどいいとは思えない。

本文でもふれたが、多くの企業では、せっせと仕事をすることを求めるあまり、ただ社員を忙しくすることに固執して、生産性はむしろ悪くしてしまうという傾向がいまだに見られる。

ＩＴツール、とりわけパソコンや電話は、そのためのかっこうの言い訳なのだ。忙しそうに振る舞える、仕事をした気になる。それがどれだけムダな作業や会話であっても、はたからはそうは見えない。とても創造的とはいえない作業であっても、左脳で命令を受けて、一所懸命にやってしまう。その結果がどれだけ業績に貢献するかもわからないということが多い。

これでは、本書で説いてきた右脳を使った自由な発想は起こりにくい。そのための情報収集や整理もおぼつかないだろう。

『仮説思考』を書いて以来、効率的な仕事の仕方というテーマで取材を受けたり、寄稿を頼まれることが多い。しかし、このテーマには危険な匂いがする。というのも多くの場合「仕事ができる人間になる方法」というのは、実は仕事ではなく「作業ができる人間になるための方法」が書かれていることが多いためである。

要するに、世の中で話題になっている情報活用や仕事ができる人というのはちょっとズレていると思う。具体的にいえば、どうも作業の達人になることを目指しているような気がする。

仕事と作業は違う。仕事は目的を成し遂げることをいい、作業とはその仕事を成し遂げるために必要な手段のことである。

作業を具体的にいえば、分析、会議、出張、打ち合わせ、議論、電話、e-mailなどになる。もちろん、中には、電話をとるのが仕事のオペレーターさんとか、会議を仕切るのが大事な仕事である事務局とか、特殊なケースもあるが、通常、これらは仕事を成し遂げるための手段であって仕事そのものではない。

ところが最近はこの作業にスポットライトが当たりすぎで、そこに焦点を当てた「○○の達人」になるみたいな企画や本が多すぎるのが気になる。○○の中には作業名が入る。たとえば「情報活用の達人」とか、「会議の達人」あるいは「メールの上手な使い方」である。

エクセルが使いこなせる、あるいはグーグルでの検索がうまいのとそうでないのとどちらがよいかといえば、使いこなせるほうがよいに決まっている。

しかし、カメラを少し引いて考えてほしい。将来幹部に引き上げようとする候補者が2人いたときに、エクセルは使えるが新しいことが提案できない人間と、エクセルは使えないが新しいことが提案できる人間のどちらを経営者が引き上げるだろうか。作業ができる人間と仕事ができる人間とは違うということだ。

当然、私の本の読者には仕事のできる人間になってほしい。

生活者として働き、ビジネスパーソンとして生活する

ここ数年、サラリーマンをビジネスパーソンと呼ぶようになった。ひとつには男女を平等に扱うために、「マン」を「パーソン」と呼ぶようになったという面があるが、もうひとつは、就社ではなく就職を重視し、また、働くということを会社に時間を貸すという感覚ではなく、自己実現の機会としてとらえる傾向の表れではないかと考えている。

そうであるとするならば、拘束時間という概念を超えて、1日24時間を情報収集、さらにアイデア創出にあててもいいほどなのではないだろうか。生活者として働き、ビジネスパーソンとして生活する、そうした一体化が自然と起こるはずだ。

だからこそ、本書で紹介しているような「いい加減」な、情報収集や放置熟成の方法が生きてくる。プライベートな時間まで、一所懸命に仕事をするふりはできないし、その必要もない。しかし、好きな価値観、問題意識というフィルターを通して引っかかった情報が、疑問が、課題が、近い将来、仕事における斬新なアイデアに結びつくとすれば、それはやるべきことだろう。企業に働く者としての問題意識に加え、生活者としての感性を活

かした情報収集に勝る方法はない。生活者の側面を捨てて、与えられた情報の深掘りだけをしている「ふり」よりも、多くの成果を期待できるはずだ。

会社の常識を変える。場合によっては世の中の常識を変える。そうした画期的なアイデアや企画は、普段の行ないの中から生まれてくる。なんであれ、おもしろいと思ったもの、興味をもったものには頭の中でレ点を打ち蓄える。たったそれだけの行為から、生まれるかもしれない革新がある。

そう思えたら、ワクワクするのではないだろうか？

そっと忍ばせた1万円から発想できる大ネタもある

こう書くと、生活者としての視点を増やすだけで、そんな大それた話につながるわけがないと思う人もいることだろう。

そこで、最後にある話を紹介させていただく。これは「宅配便と1万円」という話だ。

2008年夏頃、「電子マネー」の引き出しにしまわれていたネタである。

私はこの話を、セキュリティをどこまで国や事業者が整備すべきかという問題を議論する際の材料に使っている。電子マネーでなくとも、個人情報の管理を企業や個人の自己責任にまかせるのではなく、国がどこまで管理すべきかという話に通じる。

電子マネーやその他の新しい社会システムにおいて、犯罪を防止するためにやや過剰なセキュリティをかけることで、コストもアップするし、かえって使い勝手を悪くしてしまい、それが理由で普及しないという現象がよく起こる。

生体認証の銀行キャッシュカードがいい例だろう。たしかにセキュリティの度合いは高いかもしれないが、高すぎてかえって不便になってしまった。たとえば技術的に互換性がないために他行では使えないとか、コンビニのATMではほとんど使えないなどの不便さがあり、結果としてほとんど普及していない。

最近の例であれば、使い勝手を重視して簡便にした結果、セキュリティがおろそかになり不正利用事件の起きたセブン&アイ・ホールディングスの7pay（セブンペイ）、世界に先駆けて暗号資産（仮想通貨）を認知して社会へ定着させようと国が音頭をとったら不正引き出し事件が多発して利用者が損失を被った事例などがある。

要するに、国・行政あるいは企業がどこまで安全性を担保し、どこから先を個人責任とするのかの線引きは極めて難しい問題である。

この問題に対応するために、国や企業が万全な策をとろうとすればするほど、実用化に時間がかかったり、利用上の不便さが増したりする。したがって、便利さや最新技術の導入にはリスクがともなうが、それらは消費者や個人の自己責任という考えとともに広めていくしかないと考える。

要するに、セキュリティを議論する際には、消費者の問題意識の高さを過小評価すべきではない、これが私の持論である。多くの消費者は、ちゃんと自分でリスクを判断しているのだ。そのための事例として、「宅配便と1万円」の話をよく使う。

たとえば母親が、田舎から都会に出ている子供へ衣料品や食べ物を宅配便で送るときに、そっと1万円くらいの現金を忍ばせることがある。そうする母親が、宅配便では現金を送ってはいけないことを知らないのかというと、ちゃんと知っている。いわば確信犯的だ。だから、万が一荷物がなくなったときに、荷物そのものの損害賠償は請求できるが、現金に関しては請求できないということも知っている。

ではなぜ、宅配便で現金を送るのか？

それは、母親が利便性とリスクを天秤にかけて、それで利便性をとるという判断をしているからだ（この際、それがルール違反だという点には目をつむろう）。というのも、宅配便は相当正確な物流手段で、送ったものがなくなることは滅多にない。そのことを母親は知っている。それに、万が一、仮になくなったとしても、1万円ならばあきらめがつく。そのために、わざわざ別に銀行送金をして、500円から600円の手数料を払ったり、現金書留という面倒な手段をとったりしないのだ。もちろん、まとまった金額を送る必要がある場合は別だろう。毎月の生活費を都会で暮らす息子や娘に送るのに、宅配便を使うという話は聞いたことがない。この1万円は、荷物を送るついでにそっと忍ばせる親心だ。だから面倒は避けたいという心理は当然だ。このときに、この母親は自分の頭の中でどれくらいの頻度で問題が生じ、それは自分の許容範囲かどうかを感覚的に計算しているのだ。しっかりとしたリスクマネジメントをしているのである。

つまり、セキュリティについて議論するときに、システムや法制度で100％を目指すのではなく、消費者やユーザーの自己責任ということも考慮に入れて仕組みを考えたほうが、結果的に低コストで、なおかつユーザー視点に立ったシステムができるために、普及しやすいというのが私の主張なのだ。

さて、このくだりで一番主張したい点は、もしあなたが自分の母親から宅配便を受けとって、その中に1万円が忍ばせてあったとする。母親に感謝するのは当然だが、それだけではなく、そうした一次情報を起点として、セキュリティのあるべき姿を考察することもできることに気づいてほしいということだ。

解説　情報は少なめに、注意はたっぷりと

楠木　建（一橋ビジネススクール教授）

情報収集や情報整理の方法論について書いた本は世にやたらと多い。新たな情報整理術の本が毎年のように出版されている。情報を整理する以前に、まず情報整理についての本を整理するべきではないかというのが僕の見解だ。

そこで絶対のおすすめが、「これだけあれば、ほかにはいらない」という二冊、内田和成さんの『右脳思考を鍛える』(編集部注：原文は『スパークする思考』。改題・改訂にあたって、表記をあらためました)とその続編『プロの知的生産術』である。内田さんの本がよくある情報整理術の本と決定的に違うのは、「情報」(information)そのものではなく、むしろ人間の「注意」(attention)を相手にしているところだ。

情報と注意のトレードオフ

ノーベル賞を取った経済学者、ハーバート・サイモンが素晴らしい言葉を残している。「情報の豊かさは注意の貧困をつくる」。ようするに情報と注意はトレードオフの関係にあるという洞察だ。情報が増えれば一つひとつの情報に向ける注意量は必然的に減る。情報が減ればそれに向ける注意量は増える。なぜか。肝心の人間の脳のキャパシティがこれまでもこれからもたいして変わらないからだ。

インターネットがいい例だ。ネット上には大量の情報が存在している。しかし、情報はそこにあるだけでは意味がない。人間がアタマを使って情報にかかわって初めて意味を持つ。人間と情報をつなぐ結節点となるのが「注意」。人間が情報に対して何らかの注意を振り向けるからこそ、情報がアタマにインプットされ、脳の活動を経て、意味のあるアウトプット（仕事の成果）へと変換される。

情報の流通はＩＴの発達を受けて指数関数的に増大する。それとパラレルに人間のアタマの処理能力が増大すれば話は単純だ。ＩＴの進歩がそのまま知的アウトプットの増大をもたらす。ところが実際はまったくそうなっていない。人間のアタマのキャパシティは幸か不幸か変わらない（おそらく幸だと思うが）。人間のアタマに限界がある限り、入手可能な情報が増えれば、一つの情報あたりに振り向けられる注意が減少するというトレードオフに突き当たる。当然ですけど。当たり前ですけど。

数多の情報整理本は、人間のアタマのキャパシティが変わらないということ、それがゆえの情報と注意のトレードオフという本質を無視もしくは軽視して、情報の収集と整理の仕方をせっせと教えまくる。情報を効率的に取り込むためのツールが時代とともに変わるにしても、本当に必要なのは「注意の方法論」である。それを教えてくれる貴重な一冊が本書だ。

情報は「集めるな」「整理するな」「覚えるな」

本書は、見出しだけ見てもフツーの情報整理本と一線を画していて面白い。

情報は整理するな、覚えるな
情報は無理に集めるな
思い出せない情報は大した情報ではない
脳にレ点を打つ方法

時が情報を熟成させる

（後略）

つまるところ、情報は整理もせず、覚えず、何か気になることだけ頭の中で「レ点をつけておく」だけにして、あとはほうっておきなさいという、やたらにあっさりした話。なかでも「レ点をつける」というのが独特にして肝心なポイントだ。「いい曲だな」でも「面白い映画だな」でもなんでもいい。レ点をつける基準は自分のセンス。自分にとってピンときた情報について「とりあえずインデックスをつける」。もちろん脳内で、である。ＩＴもスマートフォンも必要ない。

脳内でレ点を打つというのは、すなわち情報を注意に変換するということだ。レ点を打った情報は、そのまま「引き出し」にしまっておく。これにしても脳内の引き出しであって、物理的な引き出しがあるわけでも、特別のファイリング・システムがあるわけでもない。

内田さん自身は、常に二〇くらいの引き出しを持っているのだという。引き出しにはそれぞれテーマがあり、テーマはときどき入れ替わる。二〇ある「脳内引き出し」にはそれぞれ見出しがついている。これが内田さんの「注意」のフィルターになっている。このフィルターをもって情報のなかに身をおいていると、引っ掛かる情報は自然と引っ掛かって引き出しに仕分けされる。引っ掛からない情報はさしあたって自分には意味のない情報だからどうでもいい。無視するに限る。

あくまでも問題意識をメインにして、それに引っ掛かる情報だけテーマごとにインデックスをつけて頭の中の引き出しにしまっておく。重要なのは一つの情報にいくつでもインデックスをつけられることだと内田さんは言う。すでにある引き出しにしまいこんだ情報でも「これは別の解釈もできるな」と思ったら別の引き出しにも入れておける。どっちにしろ脳内なので、話が早い。いくつものインデックスがついた情報は、ふとしたきっかけ、たとえば人と話していたり何かをちらっと目にしたりしたときに「スパーク」してひらめきを生む。

そんなわけで、この本の内容を一行で整理すると、「二〇ぐらいの引き出しを頭の中に持ちましょう。以上」。情報源はこういうものがいいとか、最新の情報収集テクニックとか、集めた情報はこうやってファイリングしろとか、そういう小手先のテクニカルな話は一切ない。まことにすがすがしい。

仕事の本丸はアウトプット

「注意」という人間の限られた資源を最大限に活用したいなら、この本に書かれている方法論がいちばん優れている、というのが僕の見解だ。その理由は、本書の続編ともいえる『プロの知的生産術』に詳しい。この手の本では、とかく情報の収集、整理に焦点があてられがちなのだが、いうまでもなく仕事の本丸は「アウトプット」にある。知的「生産」というぐらいだから、アウトプットが問題になるのは当たり前。しかし、この肝心のところをないがしろにした議論が多すぎる。

そもそも人が情報をインプットする目的は大きく分けて二つある。一つはインプットそれ自体のため。もう一つはアウトプットを生むため。前者を「趣味」、後者を「仕事」といってもよい。趣味と仕事の違いは明確だ。趣味は自分のためにやること、仕事は人のためにやること。どちらのためのインプットなのかで、情報の意味はまるで違ってくる。

僕は音楽が好きで、普段は音楽を聴いたり、踊ったりしている。ときには自分のバンドでライブもやる。僕の音楽の楽しみ方は垂直統合型で、自分のスキな音楽を聴き、それを演奏し、録音し、またそれを自分で聴いて踊るというサイクルが延々とループするというもの。ただし、これはまったくの趣味である。人の役に立っていない。むしろ人の迷惑になっているというキライがある。ライブをやってもこっちが勝手に気持ちよくなっているだけで（コンセプトは「やっているほうが一方的に気持ちよくなるバンド」）、オーディエンスには（仕方なしに）つきあいでライブハウスにお越しいただいている。申しわけございません。

趣味であるからして、音楽や楽器やオーディオ機器についての情報インプットも自然と旺盛になる。雑誌（たとえばオーディオに関しては『ステレオサウンド』というわりとマニアックな季刊雑誌を定期購読）はもちろん、ネットの記事を検索することも少なくない。結果的に膨大な情報にアクセスしている。単純に楽しいからだ。趣味であれば楽しさに任せていくらでも情報収集すればいい。

ところが、人の役に立つ成果が生み出されなければ、仕事とはいえない。自分では仕事と思っていても、漫然と情報をインプットしているだけで、アウトプットがなければそれは趣味でしかない。

多くのビジネスパーソンが情報の収集や活用に関心を持ち、ツイッターだ、フェイスブックだ、アプリがどうしたのこうしたのとさまざまなツールを使いこなし、せっせと情報をインプットしている今日この頃。ところが、考えてみれば、ほとんどの場合は「趣味」

にとどまっているのではないだろうか。本人は「仕事に役立つ」と思ってやっているかもしれないが、アウトプットに変換され、成果につながる「情報」がどれだけあるだろうか。本当に使えるのはごくわずかというのが実際のところだろう。

昔の話でいえばファイロファックスはこう使おうとか、手帳はやっぱりモレスキンがいいとか、最近ではエバーノートはここがいいよね、とかいうのは、ようするにプロセス自体を楽しんでいるのである。一見役に立ちそうな仕事術や情報整理の方法論は、結局は趣味の話に終始していることが少なくない。もちろん悪い話ではない。楽しければどんどんやればよい。ただし、それはあくまでも趣味としてやるべきだ。

その点、内田さんの本は仕事＝アウトプットに徹している。本来の仕事のための情報の方法論であれば、内田さんのこの二冊だけあればいいと思う。というか、この二冊以外に「注意」の問題を真正面からとらえた本を知らない。

仕事での情報インプットは、アウトプットを生み出し、人の役に立つための手段にすぎない。仕事においては、インプットそれ自体がそのまま楽しいということはあまりない。目に触れる情報はそれこそ際限がない。そこで、アウトプットにつなげるために注意のフィルターが必要になる。

内田さんは脳内引き出しは二〇個ぐらいでちょうどよいという。一〇〇や一〇〇〇のテーマに同時に目を向けて、それが全部人の役に立つアウトプットとして出てくるということは超人でもない限りありえない。生産能力が一〇〇個しかない工場に一万個分の部品を持ち込んでも、情報が過剰在庫になるだけだ。生産する予定もつもりもない製品のために、せっせと部品の供給を受けて喜んでいるだけであれば、それはまごうかたなき趣味の世界。どうぞ家でやってください、仕事場には持ち込まないでください、という話だ。しかし、現実には生産ラインに乗らない部品の在庫を無意識のうちに抱え込んでいる人が世の中には多い。

その典型的なパターンが、「とりあえずの調査」。達成すべき成果、生み出すべきアウトプットの明確なイメージなしに、漠然としたテーマに向けてまずは調査しようとする。インターネットやITを駆使して膨大な情報を収集して分析する。途中で何のために何をやっているのかわからなくなり、挙句の果てに何のメッセージもない調査レポートが出てくる。

こうした不毛の調査分析が横行しているのは、一昔前と比べて、情報収集や調査のコストが極端に低下しているからだろう。二〇年前であれば、一つの情報を手に入れるだけでもわりと努力と苦労を要したものだ。

僕が学生のころは公開されている雑誌記事情報であっても、図書館に行って「雑誌記事目録」とかいう異様に分厚い電話帳のようなものを引きながら、図書館の中を駆けずり回って雑誌のコピーを取らなければならなかった(今であれば同じ仕事が一万分の一の労力でできる)。だから、あらかじめよくよく考えて、取るべき情報を取捨選択するのが普通だった。そもそもアウトプットにとって意味のない情報は極力取らないようにするということに注意を振り向けたものだ。

究極の情報整理は情報遮断

あらゆる仕事はアウトプットを向いていなければならない。本当に自分が達成したいと思っているアウトプットがあり、それが注意のフィルターとなっていれば、改めて膨大な情報を精査しなくても、本当に大切なことはだいたいわかっているはずだ。本当に大切な情報であれば、五個ぐらいレ点がついてとっくにインプットされているわけで、すぐにアウトプットの生産ラインを動かすべきだ。それでもどうしても足りなければ、アウトプットにとって必要な情報がはっきりしたところで、それを取りに行けばよい。

情報のインプットを増やしていけば、自然とアウトプットが豊かになるということは絶対にない。情報と注意のトレードオフを考えると、実態はむしろ逆である。

毎日インターネットとまじめに向き合っていたら時間がいくらあっても足りない。自分の読んだ本や観た映画の備忘録として僕もツイッターを使っているが、タイムラインにバーッと情報が入ってくると読み切れなくて困るので、極力フォローしない。もちろん全部読む必要はないとわかっていても、情報が流れてくれば読んでしまう。目の前の情報を取り込もうとするのはおそらく人間の本能なのだろう。これがインターネットの抱えている本質的な矛盾である。情報の遮断とそのための方法論がこれからのアウトプットのカギを握っていると思う。

内田さんの二冊にしても、情報整理とか活用という話ではなく、本質的には情報遮断の方法論であると考えたほうがわかりやすい。内田さんの言う二〇の引き出しというのは、ようするに「情報遮断装置」である。引き出しに引っ掛からないものは無視する。収納して保存することよりも、排除して遮断することに引き出しの一義的な役割がある。

検索というサービスがある。これにしても、自分の注意や関心から外れる情報をスクリーニングするための作業であり、ある意味では「情報遮断」である。ただ、ごく消極的で緩い遮断にすぎない。情報通信技術が進歩すればするほど、人は注意を犠牲にするようになる。だとすれば、もっと積極的というか攻撃的に情報を遮断する必要がある。人間の脳のキャパシティが向こう一万年ぐらい増大しないとすれば、遮断こそが注意を取り戻すいちばん手っ取り早い方法になる。内田さんの本はこの点でまことに実用的だ。

これからも情報整理の方法論についての本は毎年山のように出版されるだろう。しかし僕はこのテーマについては内田さんの本以外はもういらないという積極的遮断を早速実践する所存である。

（本稿は『戦略読書日記』（楠木建著、プレジデント社、２０１３年）の第5章を転載いたしました）

本書は、２００８年11月に角川書店より刊行された
『スパークする思考――右脳発想の独創力』を改題・改訂したものです。

【著者紹介】
内田和成（うちだ　かずなり）
早稲田大学ビジネススクール教授
東京大学工学部卒業。慶應義塾大学経営学修士（MBA）。日本航空を経て、1985年ボストン コンサルティング グループ（BCG）入社。2000年6月から2004年12月までBCG日本代表、2009年12月までシニア・アドバイザーを務める。2006年には「世界の有力コンサルタント25人」（米コンサルティング・マガジン）に選出された。2006年より早稲田大学教授。ビジネススクールで競争戦略論やリーダーシップ論を教えるほか、エグゼクティブ・プログラムでの講義や企業のリーダーシップ・トレーニングも行なう。著書に『仮説思考』『論点思考』『右脳思考』（以上、東洋経済新報社）、『ゲーム・チェンジャーの競争戦略』（編著）『異業種競争戦略』（以上、日本経済新聞出版社）、『スパークする思考』（KADOKAWA）、『プロの知的生産術』（PHP研究所）などがある。

ホームページ
http://www.waseda.jp/sem-uchida/
Facebookページ
https://www.facebook.com/kazuchidaofficial/

右脳思考を鍛える
「観・感・勘」を実践！ 究極のアイデアのつくり方

2019年10月24日発行

著　者――内田和成
発行者――駒橋憲一
発行所――東洋経済新報社
〒103-8345　東京都中央区日本橋本石町 1-2-1
電話＝東洋経済コールセンター　03(5605)7021
https://toyokeizai.net/

装丁・本文デザイン……竹内雄二
D T P………………アイランドコレクション
印　刷………………東港出版印刷
製　本………………積信堂
編集協力……………久保田正志
編集担当……………黒坂浩一
 Printed in Japan　ISBN 978-4-492-55791-4